丹妮婭姐 " 麻口不辣心 人際說話術

　　哈囉表弟妹，感恩你掏錢買書，我就算腰閃到都要致上 360
度的鞠躬大禮。（史上最狗的作家～）

　　這本書是關於說話這件事，會不會說話、該怎麼說話根本攸
關我們人生很多的生死關卡啊！我個人讀過滿多說話技巧的書，
但偏偏我的 1KB 小腦袋，闔上書後就什麼技巧都記不得了啊哈
哈哈哈，遇到生死攸關的關卡腦袋就完全空白！也因此，我想寫
出一本連 1KB 腦袋都能記住的說話技巧書。

　　我在一本美國作者馬修赫西的愛情書籍裡面，閱讀到我永生
難忘的一段故事，大意是當時他跟一個女生密切約會一陣子，但
基於某些理由，他說出了玩咖金句：「我現在不想談認真的感
情。」在這種狀況之下，通常世人都會覺得很難翻盤，但那女生
在當下竟說出了讓馬修意想不到的話，也做出對應的行為。故事
結局竟然徹底翻盤，風水真的是用俄羅斯輪盤的方式在轉，馬修
最後主動去跟那女生請求交往。

　　我看完這段故事超級震驚，徹底了解到說話藝術的威力。最
重要的是，我的小腦袋居然徹徹底底將故事所有片段記得很清楚

丹妮婊姐
麻口不辣心 人際說話術

啊！它完全進入了我 1KB 的腦。

後來我大徹大悟，因為之前我看的書，大多是什麼跟綁匪談判啊，或是談超大生意的，那些事情真的離我太遠，我沒辦法幹這麼大的事哈哈哈哈哈～～難怪我的小腦袋記不住，但愛情這種事就離我們生活貼近多啦，我可以瞭解那個邏輯，也就記得住了！

如果我早半年看到馬修的故事，讓我了解在這樣的時空下要怎樣回應，我人生的命運會徹底不同，完全另一個版本，真的一點都不誇張。只是幾句話，有時候能成為人生關鍵！！

怎辦，寫到這是不是變成那本書的業配啊哈哈哈哈哈哈，你們要下標那本了嗎？？先讀完這本！！！

這本書我真的是抱著這樣的心情寫的——最貼近你我日常生活的說話書。人生每天都馬是修行，老是有人要逼迫我們坐上說話考試的考場。期許這本書中的說話技巧，能讓你的人生有些微的不同，當然是往好的不同，一定可以的。

婊姐真心誠意獻上祝福。

我跟丹丹到底熟不熟呢？我們之間的關係很微妙，第二次見面她就約我去夏威夷，而我也就去了，因為感覺她很善良（也很需要我）。沒想到我們的夏威夷之旅開啟她對夏威夷的熱愛（與憎恨），最重要的是促成這本書誕生。我沒看過她前兩本的書，也證明我不是腦粉，立場中立，丹丹分享自己用詼諧獨特的方式來處理人際關係中的各種情境，看這本書就像她在一旁聊天一樣，依然這麼親切、嘴巴這麼賤康，又這麼惹人喜愛。邊看邊笑是正常的，我們都一樣。

—— Ivy Chao／風格旅行家

很高興拜讀丹妮婊姐大作，以她率真幽默的方式，分享說話的智慧。她在這本書精心條列，日常生活各個需要好好說話的情境，讓各位表弟妹可以一讀就上手、一用成高手，不只外貌亮眼，還能舌粲蓮花，口氣清香，擁有好人緣！

——吳若權／作家、廣播主持、企管顧問

丹妮婊姐
麻口不辣心 人際說話術

身為婊姐的好友，我親身經歷過婊姐在這本書中描寫的幾個事件，可以保證她所言不假，真的是聊天大王無誤。

婊姐到底多會聊天呢？

去年冬天，我們一起去北海道滑雪，兩個人請了一位滑雪教練，教練會和我們輪流搭纜車上山。

當我和教練一起搭纜車上山時，硬聊了 10 分鐘就覺得無話可聊了；但當婊姐和教練搭纜車上山時，全程兩個人聊天的笑聲還在山谷中迴盪不已。

這就是聊天大王啊！跟她聊天會忍不住把自己人生的故事都告訴她，而且過程是愉快的，不會覺得被窺探隱私。

想要增進說話能力的人，可以認真研讀此書

——我是查理／知名 YouTuber

丹妮婊姐講話實在太好笑了，我喜歡她很久了。有幸可以和她合作好幾次，知道她其實是個溫暖的大女孩。邊看書的時候我邊笑，這些年來她到底遇到了多少可怕的事，但能用這種淺顯的方式，跟大家笑著分享如何靠智慧和這些不好聊的人，棘手的關係做出很適當的應對，對現代人而言真是太重要了。現在就請大家一起好好和婊姐用說話的藝術征服世界。

——理科太太 Li Ke Tai Tai

（美國 NERD Skincare 創辦人、生物醫學工程師、YouTuber）

說話這件事情是「改變」彼此關係最直接的方式。

每個人都「會說話」，但不是每個人都「懂說話」。你有時候會納悶，為何她人緣總是這麼好？為何他找工作這麼順利？為何他都能找到另一半？切記！你的能力絕對沒有輸他，而是他比你更懂的「說話」！看完這本書，會讓你的人生更有魅力、讓你的生活更加圓融。

——小賴（賴晏駒）／時尚的人類觀察家

這本書對我這個無敵濫好人來說簡直是福音，紀董本人常常在丹天師旁邊吸收日月精華孜孜不倦，但本書就直接是丹天師靈魂本尊，收錄社交三大課題：如何陌生開發、談天小撇步以及拒絕的藝術，通通包羅萬象在其中，不管你是想修練愛情、拒絕不帶刺或是想解決人際煩惱，跟著書中丹天師的步伐，就能一步步取得人生的必修學分。

——最帥文青／紀董（紀斯豪）

丹妮婊姐
麻口不辣心♨人際說話術

婊姐說明文：

很多不認識我的可能想說這是出版社放錯照片嗎？為什麼左頁下方突然放了一位美男子的沙龍照？這是有原由的。出上一本書的時候，我曾經在粉絲團發表一篇心聲，抱怨自己長相沒有別的作家好，別的作家書中可以放很多沙龍照來抵超多字數，所以我寫得超～辛苦，真心羨慕。沒想到下面有位表弟沒安慰我就算了還留言：「你可以放紀斯豪照片啊！」（備註：婊姐主持的 YouTube 頻道綜口味開房間的一位顏值擔當主持，只靠美貌讓他擁有眾多鐵粉）

我操，哈哈哈哈哈哈哈哈哈這是我寫的書！！！

好，這次真的遇到字數需要稍微被抵的狀態，我就真的放他一張沙龍照，再配上另一位主持群小賴的照片，但因為小賴本身不是顏值擔當，所以照片小張一點哈哈哈哈哈。

一副麻辣外表，卻有著一顆豆腐心

　　這是做了這本書，和丹妮婊姐近距離接觸、相處後，我所知道的「真實版」的她。

　　在做這本書之前，因為編輯本業，必須大量瀏覽社群，關注各領域的KOL們，當然丹妮婊姐也是關注的其中一名，對於她的印象就是她所營造出來的那般──講話犀利、率性，思緒和說話速度一樣，連珠炮超級快！！或許是偏見所致，還滿擔心要怎麼跟這樣新世代的網紅溝通及相處。

　　但密集接觸、相處下來，私下的她個性其實非常柔軟、貼心，講話雖然還是很辣，但總能從她言語中獲得暖心的感覺，也因此有了「麻口不辣心」的書名概念。

　　寫這本書最辛苦的地方就是「想情境」，媽啊，這真的搞死我們倆，但最主要的問題就是婊姐會不斷的思考書中所列的情境是否真的對表弟妹有幫助？然後狂刪我的提案，從頭到尾我們大概想了超過兩三百題的情境吧！（編輯崩潰）

加上婕姐堅持一定是要她自己真實遇過的聊天問題，她才寫得出來，完全不造假，因為假的她也掰不出來，這就是很真實的一個人及一本書！

即使已經是巨星了，但超級勤奮好學的她私底下真的大量啃書，閱讀的量之多之廣，根本就是啃啊，已經不是讀了！為的就是蒐集更多題材、獲得更多冷熱知識，才足以擔得起主持人的這份職業，給予表弟妹更豐富多元的節目內容。所以別再說網紅好當了，至少我從丹妮婕姐身上看到非常努力、辛苦與堅持的那一面。

丹妮婕姐使出了所有內力，將豐富的人生歷練融合自身功力，淬鍊出了這本《丹妮婕姐麻口不辣心人際說話術》，她用特有的幽默口吻、生動的敘事方式，列舉出生活中常見的溝通情境，並給予實用且貼切的說話建議，即使是1KB的小腦袋也記得住唷！

目錄 | Contents

Part 1

第一次見面，
聊個天，怎麼這麼難？

Part 2

優雅的說「不」，
不髒口也不傷心的拒絕法！

TALKING ART

Part 3

請服用！
人際應對的萬靈丹

Part 4

老天兒～怎麼又是這種人？
生活中最常碰到的說話困擾

Part 1

第一次見面，
偶天，
這麼沒禮貌？

1-1

遇到省話一哥或一姐，該怎麼撬開他的嘴？

眼前的Sean長得帥、身材不錯，
完全是我的菜！
但……他怎麼就是個不折不扣的省・話・王啦！！
「對」、「還好」、「喜歡」……
整場聊天我想破話題，
卻總是只得到不超過3個字，
該怎麼跟省話王開啟聊天開關呢？婊姐救我！！

亞洲歐普拉我本人，真的主修省話博士。不過我要先說，面對這樣的人，需要時間攻破，所以如果非必要的話，其實也沒有必要硬逼自己啦哈哈哈哈哈。

通常會問這題，就是逼不得已，譬如你要跟你的客戶培養感情，你要當客戶的狗，阿他就省話博士，或是更倒楣的，你喜歡上的人剛好是省話博士。

還記得我學生時期的時候，每次被老師安排座位，就真的很容易被排到周遭坐那種超安靜的女生，雖然跟我在班上不同群體，但就會莫名變得有交情，放學還會一起廝混。我真的主修省話博士，但因為我完全想不起來我高中時期在幹嘛，為了寫這篇文章，我根本打坐靜思，逼自己上記憶殿堂，終於想起我在大學的事情。

找出對方興趣，便能輕易突破

大學時，我那時候很「著猴」註，想跟隔壁系的一個女

丹妮婊姐
麻口不辣心 人際說話術

生當朋友，她綽號叫酷帥學姐，我當時就覺得她很帥，所以想跟她當朋友，理由就是如此正當、有意義。對，當然有意義，要不是我當年如此白爛，成功攻破這位省話天后，我現在也生不出這篇文章好嗎？哈哈哈。

　　這位酷帥學姐，就是很典型的冰山，就是王菲，我當年要到了她的MSN，就開始找她聊天，因為我知道她興趣是冷僻電影跟藝術類的事情，這就是撬開她嘴的絕佳扳手。坦白說，我對藝術沒有太多興趣，但我就是把自己化身成藝術展覽高度興趣愛好者！全台展覽我當時真的一把抓，都自己想辦法去查來的哈哈哈哈，但不是說要裝得自己很懂，這樣反而容易露出破綻，而是利用對方的興趣，創造連結。

　　反正當時我就會去查出當月全台展覽，然後開口邀約酷

註：著猴，罵人舉止如猴子般不正經的閩南語。

帥學姐：「欸，最近那XXX展覽好像很厲害，妳有去看嗎？喔妳還沒看啊，那要一起嗎？」或是說：「欸，上次妳說那XXX片可以借我看嗎？」（丹天師說明：當年網路不發達，無法網路觀看或下載。）

　　寫到這裡我真的覺得這故事好像愛情成分有點太高哈哈哈哈哈，我根本在教人把妹！！但因為每個人對於自己有興趣的事物，都是會想要侃侃而談的，縱使她是冰山，聊興趣聊啊聊的，總會慢慢變熟，就會再進一步多聊比較多的私事，或是開始瞎扯別的。從鑿破冰山後，我們倆現在的友情維持了10多年，還一直持續聯絡，全球任何想要追求冰山美人的男生應該來邀請我開課哈哈哈哈哈。

不愛說話的人大部份是好聽眾

　　如果你不太知道對方的興趣，也沒有關係，還是有方法可以突破。根據我的觀察，這類型的人，會有一個特質──

丹妮婊姐
麻口不辣心 人際說話術

「他們通常都是很好的聽眾，也喜歡聽人說話。不是說他們因為沒在講話就只能聽，是他們通常真的有在聽。例如有一種男生，不對，應該是大部分普通男生，女朋友在跟他講話的時候，他都沒有回話，此時女生冷冷問一句：「我剛剛說什麼？」通常會得到一個定格，此時女生就是要把槍優雅的拿出來擦了，讓男友火速奔跑去他的記憶殿堂，請求開門。

剛剛那段時間男友沒講話啊，怎沒在聽？！所以我要強調的是，如果是天生省話的人，通常是好聽眾，是認真有在聽人講話。但不表示「短時間不講話」就是有在聽。

我親自交手過一個省話天王，真的省話博士！這人是亞洲歐普拉此生最大障礙，他的字好像超貴，說話會破產。我甚至直接跟他說：「你為什麼都不講話？你很討厭我嗎？」他回：「不是的，我喜歡聽人講話。」

這就是重點：喜歡聽人說話。

所以你就可以瞎扯任何有趣的事情，不管是你自己的，還

是這世界的。但一定要配合適時的反問對方意見，或問問對方的生活，因為大部分的人終究喜歡講自己的事，終究是喜歡被關心的。如果你只是狂講話不反問，那你就是變成演講只是單向「說話」，沒有互動，也就沒有溝通。

但我還是要說，非必要的話，最好是不要跟這樣的人交往，因為我遇過的這類型的人，一種是像酷帥學姐，其實是外冷內熱，變熟之後，她話是不少的，對很多事情也能侃侃而談。

但另一種就像那位省話天王，是我曾經交往的對象，他就是真的外冷內冷，我們變熟之後，他話也沒有要變多的意思。我認真覺得他花光我此生在工作之外，跟難聊之人相處的扣打，真的太辛苦了，我有時候甚至要喝到微醺才有辦法跟他見面哈哈哈哈哈哈哈哈哈哈哈！！！

我曾經放話過，我絕對不會跟流川楓類型的人交往，因為我不喜歡話很少的人，再帥都不喜歡，結果上帝派了一個流

丹妮婊姐
麻口不辣心 人際說話術

川楓來給我，事實證明我是對的，真的很辛苦，所以巨星在此宣布——我絕對不會接受蘇志燮追求我的！

丹天師一秒重點速記
Hashtag

找出對方興趣
用興趣當作聊天扳手
沒事別去招惹省話王

1-2

做了這件事，
會讓氣氛越聊越冷場

第一次和新朋友見面，對方問我一個常見的問題：
「你平常喜歡做什麼事呀？」
我覺得這是個表現自己的好機會，
所以很熱切地回答，
還圖文並茂的拿出手機秀一下生活照，
但似乎瞄到對方偷偷把呵欠吞回去的動作……
這不是她自己提問的嗎？認真回答也錯了嗎？
婊姐，請教教我！

有一次我在紐約出差，出席美妝品牌的國際活動，那一次的晚宴，就像電影一樣，有個超～長～的宴會桌，台灣來的工作人員跟我剛好被分配到角落的座位，我想說太棒了，由於拍攝真的太操勞，加上時差及水土不服，身體很不舒服，我原本打定主意整場要自閉到底，絕對不是因為美妝場子不會有什麼直男帥哥哦。

但當然事與願違呀，不然怎麼會有這篇哈哈哈哈。不知道怎麼搞的，品牌的紐約高層一人被孤單的分配到她誰也不認識的我們這區座位，她右邊其他國家的網紅自己聊得很起勁，所以這位紐約高層無聊到找她左手邊、也就是我們台灣一起去的攝影師聊天，攝影師是一個老實的大哥，他們聊著聊著，媽啊，眼看狀況真的不行了，氣氛即將結凍！亞洲歐普拉、女劉在石丹妮婊姐我只好邁出自閉大門，親自上場，那情況真的抱病也要下海、必須拯救這場災難的聊天。

紐約高層其實滿親切的，用非常正統的聊天話題跟台灣的

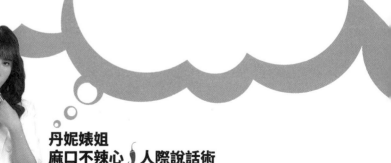

丹妮婊姐
麻口不辣心 人際說話術

攝影大哥聊天，例如：「你是哪個國家來的？」、「你是做什麼的呢？」

攝影大哥也就很老實的乖乖回答：「台灣來的。」然後立馬拿出手機分享他的攝影作品，就這樣一步一步的，他們的對話，邁向～死亡的蔭谷哈哈哈哈哈哈。

對話明明聽起來都很正常，他們之間的對話到底發生什麼問題？問題就在於攝影師沒問問題！！我知道一定有人此時要站出來嗆我：「婊姐，妳不是上一篇才寫說好的聊天方式就是發問？！」

是沒錯，但因為還有一種狀況也很常發生，就是「發問的人，問的都是『假性問題』。」

何謂假性問題？就是其實對方的發問是出自於——「他很想分享自己的事情，只是沒一個點可以自己開口，所以就用發問來製造說話的機會。」但他其實壓根對你的答案沒有興趣啦！！他等的是有機會可以闡述他精彩的人生，才不在乎

你是不是攝影師&拍過啥小啦哈哈哈哈哈哈哈。

　　因此在這種假性問題出場的時候，正確做法應該是要很簡短的回答完畢，越短越好，然後一秒反問對方。對方就會開心的走向賈伯斯的簡報舞台，開始闡述他輝煌的人生。

　　當時眼看他們的對話走向死亡的蔭谷，我心想不能讓台灣人丟臉，只好見縫插針地加入他們的對話，然後開始對紐約高層各種發問！高層應該樂歪了，我整個挖出她女兒是梅根萊恩的助理到她新買的別墅（並且強烈要求她分享新別墅的照片，想當然爾，高層立刻喜孜孜地掏出手機來），一直聊到住在紐約有多少有趣的事情可以做。那位高層完全滔滔不絕的站在賈伯斯舞台上跟我們大分享！

　　綜藝大帝搞笑還要用英文搞，還要穿插誇張的肢體動作，例如：「欸～好險你們品牌只出保養品，不然你兩個女兒要是買一個他牌產品，妳會謀殺你女兒（配上手切自己脖子動作）。」高層完全被逗得笑呵呵啊！我命格真的就是閒不

丹妮婊姐
麻口不辣心 人際說話術

得，或許老天看我書寫不出來，橫豎都要給我參加一場說話大會考，還是英文版！！

　　我知道你要問我，**怎樣分辨假性問題？**我只能說，沒有必要去分，我一概統一處理：**簡短回答，然後立刻發問，開始給對方舞台。**這是最保險的作法，因為我不認為對方對我的人生會真的有興趣。如果硬要歸納的話，**通常越在上位者，越喜歡分享自己精彩的人生，有極高的機率會丟出假性問題。**

　　但其實攝影大哥也沒有犯了滔天大罪，他只是誤以為對方真的對他的人生有興趣（苦笑），才會造成那位高層一臉無聊地拿叉子插食物，直到闖進一位綜藝大帝，也就是我本人，還好死不死剛好要出一本關於說話藝術的書，完全在這場紐約晚宴體認到假性問題的重要性！綜藝大帝下台一鞠躬，成功拯救原本要砸了台灣聊天形象的一場晚宴對話。

Hashtag

小心假性問題

簡短回答，立刻發問，把球丟回去

對方如果真有興趣會再追問的

把自己縮到最小，把舞台讓給對方，是
聊天不冷場的心法

丹妮婊姐
麻口不辣心 ╱ 人際說話術

1-3

對方是個超愛插話的人，該怎麼應對？

媽啊，才說半小時的話，
就可以打斷我10次！！
但偏偏對方是工作上需要接觸到的人，
我不能逃，也不好翻臉啊！！
（好想仰天大唱～想要逃～逃不了嗚嗚）
婊姐，我該怎麼辦？

有些人很愛插話，而且插話之後不會把話題帶回原本你們正在聊的話題，如果這種現象一直一直發生，而且非常嚴重的話，的確會讓人覺得很不被尊重對吧？我把這種人分成兩個類型。

第一類型：下不了演講台型

　　我生命當中有採訪過一個滿有名的知識份子，他就是標準的第一類型的人。整場訪問，我身為一個主持人沒有一句話能完整講完，講到一半就被他打斷，每、一、句都被打斷，用李小龍方式「啊噠～～」劈斷我的話，然後霹哩啪拉一直演講。他雖然坐著，但我真的覺得他站在賈伯斯的舞台上（再配合李小龍動作）。

　　而且他講著講著就會完全偏離主題，同時不給我任何接話的空檔，我完全無法見縫插針哈哈哈哈哈哈。他真的應該去學自由潛水，想必憋氣能憋超久，會變成自由潛水界的神人

丹妮婊姐
麻口不辣心 人際說話術

之類，我真的沒見過可以如此講話不用換氣的人哈哈哈哈哈哈哈哈哈。

　　碰到這種場合呢，因為畢竟是工作，或是你位份比對方低，那就讓他發揮，但其實不論是不是工作或位份，只要確認一個大前提──這人對你來說完全不重要的話，就讓他自由發揮吧！就當積陰德，所以不需要什麼說話技巧。而且遇到這種人的重點是要放在──如何脫身？！哈哈哈哈哈哈，才不是什麼說話技巧應對咧，因為根本沒必要，或是沒機會應對！

　　天啊，遇到這種人我內心都會大喊：「好想要哈利波特的隱形斗篷，還是哪個朋友現在發生車禍打給我求救都好啊（哈哈哈哈但人完全沒事的那種小擦撞就好）」

　　不過那次我最後的應對方式是因為錄影時間有限，因此就是用一個很官方、有禮貌的理由成功脫身。

第二類型：還有得救，你也想救他的人

　　另一種愛插話的人，如果這人對你來說是有點重要性的，譬如你們工作上必須合作，或他是你朋友等諸如此類，就必須轉換心態了：「一定要把這事情解決。」我再強調一次，這狀況是建立在，一定要把他愛打斷人說話的狀況解決。

　　但這裡要先討論這一類愛插話的人，媽的我也遇過，但跟愛演講那種類型不同，愛演講的那種是完全不在乎別人，全世界他眼裡只有自己。但這一類型，他可能是問你問題，結果你回答到一半，他因為別的事情而打斷你的話，但說完自己要說的之後，也沒有要回到原本的話題；或是你們正在一個對話當中，但他因故打斷……總之就是，和剛剛前面講的那種全天下都要聽我說話的不同啦，硬要簡單扼要的解釋，就是……病的比較輕的哈哈哈哈哈哈哈哈。

　　遇到這一類型的人，你如果真的想改正他愛打斷人說話的

毛病，首先，我要請你很認真地觀察對方，有沒有一種叫做「注意力過動不足症」註的心理疾病？因為我曾經遇過一個人，他一開始很正常，但後來因為他真的不停打斷我的話，也是用李小龍折斷木板的方式打斷，我當時正在寫這本書，剛好在思考這題，所以我想說，那就直接問本尊哈哈哈哈哈哈。

　　所以我問打斷人大王本尊：「欸，如果你遇到一個不停打斷你說話，不讓你把話說完的人，你會怎麼跟他說？」

　　沒想到這人真的很認真地回答我，但幹，這真的是一招很錯誤的招數，因為全天下機八的人從不覺得自己機八，小氣的人從不覺得自己小氣（我真的曾經遇過一個小氣大王，跟

註：注意力不足過動症（Attention deficit hyperactivity disorder, ADHD）是一種慢性長期的神經生理疾病（神經傳導物質異常、遺傳及腦傷等都是目前醫學界已發現的可能因素），主要症狀包括：不專心、過動及衝動。這些症狀通常在童年早期開始出現，半數以上會持續到成年以後。

我抱怨他朋友很小氣，真的很像在聽瑪丹娜在抱怨別的明星耍大牌）。這是地球真的毀了1000次都不會變的事情，所以愛打斷人說話的人，當然也不會覺得我在暗示他打斷我說話哈哈哈哈哈哈！

後來我改變策略，用比較委婉的態度，但意思很直接地跟對方說：「欸，其實如果你對我說的話沒有興趣的話，你可以不用問我問題，因為我不覺得你有興趣聽。」喔，結果其實還是一樣……他不覺得他有問題啊啊啊啊啊啊啊啊！

當然，直接開門見山跟對方說：「你老是打斷我講話，這樣很沒禮貌，可以讓我把話講完嗎？」

其實這也沒不行，但很容易聽起來像指責，指責對方的成功率就是會比較低，畢竟我又不是軍中的班長還是上司，對方也不是我下屬。因此，既然目的是要達成「對方能好好跟你講話而不再打斷你」，那就是要取巧。

丹妮婊姐
麻口不辣心 人際說話術

善用「悲情的開門見山法」

當時我很悲情地跟對方說：「我覺得你完全沈浸在你自己的世界，根本沒有想要好好聽我講話，你不停打斷我的對話，讓我覺得，不管現在坐在這裡的人是誰，對你來說都沒有差。因為邏輯上來說，如果你真的在乎對方，就會好好聽對方講話不是嗎？也就是說你根本不在乎我，這讓我非常受傷。（如果能搭配流下兩滴眼淚更棒，當時我剛好因為別的事情心情非常不好，就真的很入戲地哭了一回，但其實這件事情本身真的是沒什麼好哭啦哈哈哈哈哈哈哈哈哈哈哈）

我講得非常直接，真的是把門打開，整座阿爾卑斯山都看見了，但我配合了一個很重要的元素：悲情。

從惡狠狠的指責，我把自己包裝成一個受傷的受害者，這有一個天大的優點：可以避免戰火。因為我不只看起來很無害，還很可憐啊哈哈哈。

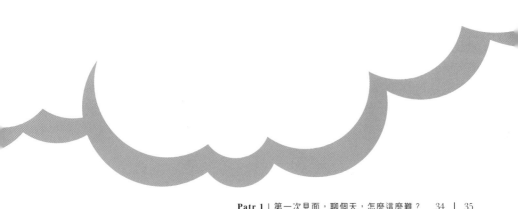

電影《超級戰艦》裡面的外星人抵達地球的時候，那些外星人一直用機器分析眼前的人類到底有沒有威脅性，有一個正在打棒球的小孩，那外星球體已經站在那小孩面前考慮要不要殺他了，但小孩就是完全沒展現出威脅性，那外星球體分析完覺得無聊就滾了。

我的目的是要對方給我徹底改進！他媽的，給老娘注意聽我說話！！要我拿喜餅盒的蓋子敲你頭嗎？雖然這是我心底的真實聲音，但我沒有要真的挑起戰火的意思。總之，對方聽我悲情的說完真的嚇到了，並且很深刻、很誠懇地跟我道歉，從此以後，他就再也沒有打斷我講話了，我們終於可以進行正常且健康的溝通。

正常來說，都這麼強烈反應了，對方如果是一個正常人，他就會改善。但如果都把話講成這樣還沒有改善，那就表示對方不是一個正常的人，你就讓他忠於自我，當一個討人厭的李小龍吧！但也有可能對方真的患有「注意力過動不足

丹妮婊姐
麻口不辣心 人際說話術

症」……這是真的一個精神上的疾病（因為我遇過太多精神患者，導致我變成一個精神疾病小專家哈哈哈哈哈哈哈哈，給我白袍，我要《上健康2.0》。

至於要怎樣勸對方去就醫，就不在這篇的討論範圍了。

丹天師一秒重點速記
Hashtag

- \# 不要緊的人就讓他發揮吧
- \# 自己還能趁機休息不用浪費口水
- \# 如果朋友非常愛插話請多注意他的精神狀態
- \# 注意力不足過動症
- \# 記得打悲情牌的開門見山招數

1-4

把握這個方法，
就能成為聊天說話的好對象！

婊姐，我是個soho，平常工作都在家裡，

沒事也喜歡待在家裡，懶得出門，

所以別人對我的印象都是「肥宅」，

然後就覺得肥宅應該不太會跟人聊天互動吧？

但其實我不肥，而且宅歸宅，

也喜歡跟人相處啊……要怎麼反轉別人對我的印象

呢？

這 故事剛好發生在我寫這本書的期間。我認識了一個新的男生朋友，後來他有天跟我說，為何他對我特別有好感的原因是，我跟他第一天認識的時候，我問他做什麼工作？他回答電腦工程師後，我居然很認真的反問：「是什麼樣的電腦工程師？」

所以他對我印象特別好，他覺得我真的展現出對他有興趣，而非只是敷衍的問問，或是只是想探聽他的薪水。（會有探聽薪水這個論述，肯定是他之前遇到的經驗導致這樣的思維）

但其實這樣說話技巧，也不只是侷限用在愛情，是可以套用在整個初次認識的人際關係。

不過我不是刻意為了讓他對我有好感還是怎樣才會故意繼續問，是因為我本身主持人性格很重哈哈哈哈哈哈哈，我就亞洲歐普拉，很會採訪哈哈哈哈，真的是職業病使然，沒想到無意間讓對方印象這麼好。

丹妮婊姐
麻口不辣心 ∫ 人際說話術

給對方舞台發揮，適當發問

其實這邏輯也很簡單，**只要是人，都喜歡被重視、都想要被了解，這真的是全球人類通用的鐵則**。只要把舞台上的spotlight打在對方身上，十之八九對方對你印象都會滿好。所以**這個說話的技巧我稱之為——給對方spotlight**。

白話就是，讓對方談論自己。除了私事或冒犯的問題，什麼都問！但要注意所謂的spotlight打在對方身上，這個對話技巧的確是以「發問」為起頭，但也不是要你死命的一直問東問西，這樣就是變成身家調查，我們不是警察在盤問嫌疑人啊。

我的心境是，我真心對每個新朋友的人生有興趣，因為肯定有可以得到的新知或聽到有趣的故事。如果你抱持著這樣的心境設定，那就不會變成玩警察扮演了哈哈哈，因為你內心就沒有想要調查對方啊！

那到底問什麼好呢？很簡單，就是生活類的問題。工作、興趣或休閒活動，但像感情生活這種偏向私事的當然就先別問了，除非對方自己開頭。反正你就幻想一下，一個你第一天認識的人問你什麼問題，你會覺得很「美送」，那樣的問題就不要拿出來問對方！這樣的檢測機制夠簡單了吧。

　　如果要更高端的使用這個「給對方spotlight」的說話技巧，進階版就會變成，最好還幫對方建一個賈伯斯產品發表會的舞台啦哈哈哈！！

　　就是，你幾乎不談論自己。當然，如果對方有反問你的話，你也不用故做神秘不回答，不然人家也會覺得你以為你是好萊塢大明星嗎哈哈哈哈哈哈哈！因為我的確有遇過我問一個很生活化的問題，對方居然不回答的狀況，當然，對方本來就沒有回答我的權力跟義務，只是那問題真的是無聊到沒什麼好不答，例如：你平常都去哪邊逛街啊？對方居然回我：「我不想說。」

丹妮婊姐
麻口不辣心　人際說話術

靠北，我也只是客套問問好嗎？你以為我真的有興趣嗎？你是誰啊！阿湯哥嗎？誰在乎啊！！！（顯示為惱羞成怒）

而且這個說話方式其實還有一個時機很適合使用，就是，當你很懶的講話的時候哈哈哈哈哈哈哈，因為只要發問，讓對方暢所欲言，我就都不用開口，滿輕鬆的呀。

我的職業要講太多的話，其實有時候下了鏡頭我真的是，累了，巨星只想閉嘴，但偏偏又有不得已要聊天的時候，所以我就是以教授的姿態開出申論題，然後就可以在場邊休息了哈哈哈。

天啊，這寫出來以後，新認識我的人該不會都覺得我這人很偷懶故意不說話在休息，沒沒沒，天地良心啊～～別這麼說，我真心對朋友的人生有興趣啊！！！

註：心情不爽或不開心的閩南語。

丹天師一秒重點速記
Hashtag

＃聊天最重要的是互動

＃適當的發問會讓人感到受重視

＃被關心的感覺很棒

＃與其說是技巧不如說是心法

丹妮婊姐
麻口不辣心 人際說話術

1-5

遇到臭屁自大的說話對象，
要怎麼回應？

隔壁媽媽又在跟老媽臭屁他們家女兒
這次又拿到什麼黃金業務第一名！
拜託，我打LOL也常進榜好嗎？
第一名有什麼了不起？
但偏偏老媽每次聽完都會來唸我。
遇到這種超愛臭屁又自大的人要怎麼應對啊？

有一次跟一個作家大前輩聊天，我不會說他是吳若權的。他說某次他跟媽媽在家裡附近遇到鄰居婆婆，鄰居婆婆開始大抱怨自己兒子，約莫還用一手扶額頭那樣的說：「哎啊，兒子真的是很不孝順，一年到頭沒回家探望幾次，昨天才回來，今天又匆匆忙忙地要走了，真的是不知道他到底在忙什麼鬼？唉，但是他臨走之前吼，留了一個信封在桌上啦，我一打開看，欸，20萬。」

如果這是一段影片，關成靜音，觀眾可能會以為婆婆說話的表情和動作是家裡死了誰還是老公偷吃，幹沒想到居然是在爽炫耀兒子給一個大紅包！！

任何人故事聽到這裡都應該產生了以下這些情緒：「他奶奶的！」、「啥小啊」、「有夠臭屁！」或是白眼繞宇宙一圈……諸如此類，基本上都不會是正面的情緒。但因為那位大前輩作家是文人，他不會說他奶奶的哈哈哈哈，所以他當然只是趕緊拉著媽媽離開，完全不想繼續這樣的對話。

丹妮婊姐
麻口不辣心 人際說話術

想聽恭維？那就如他所願吧！

生活當中真的滿多這種人欸，總是假裝苦惱地繞一圈台灣，然後其實是要站到101頂樓唱秋。不過我個人滿變態的，反而非常喜歡這樣的人，我最熱愛用一種方法來應對這樣的狀況，叫做「送佛送上西」。

我跟大作家說：「你幹嘛逃跑啊！此時就是要高亢的跟婆婆說：『天啊！下次收到的就是兩千萬了啦！！』直接送她上西天，爽歪歪。」

我知道一定會很多人問，幹嘛要讓這種人爽？他們這樣講話很討人厭欸。你們試試看，這其中真的很有樂趣，因為人生已經夠多苦難、夠多事情能讓我們感覺度爛或受傷，神在這方面絕對不會吝嗇的啦！如果連這一點小事情也要因為對方而感受不好，我覺得很不划算，所以後來有一天我就突然想通——既然對方這麼愛臭屁，那就讓他爽到底啊，送佛送

上西！當下看到對方那把我的話當真的爽樣，真的超～級～有趣，因為……我根本不是真心的哈哈哈哈哈哈哈哈！

天啊，這樣講是不是顯得我很邪惡？也沒有吧，我給他了快樂，我才該上天堂吧我，沒天堂好歹也有地獄的總統套房。

如果對方很直白的說，兒子給了自己20萬，雖然很少回家，但我還是很感動他的孝心，一般正常人都會真心覺得替她開心吧？機八毛就是機八在前面，我們情緒都被牽動到有點悲傷了，結果一個髮夾彎。還我傷心來！

看心情和交情來切換不同應對方式

但還有另一種版本，也不是每一次都要送佛送上西啦，就看心情，畢竟我也是有時候那天槍枝沒有管制好哈哈哈哈。另一種方式叫「幫佛洗洗臉」。

我有一個朋友，這人機八毛的地方就是，很想要全天下

丹妮婊姐
麻口不辣心 ❥ 人際說話術

的女人都愛他。在這裡就叫他好笑男好了。某一次好笑男突然對我說：「我新對象是一個在台灣的外國模特兒，有點好笑～」

痾，哪裡好笑？這段話的笑點到底在哪？我怎麼覺得，靠，這裡應該要舉一個很難笑的某人，然後說那人都比這件事好笑！但偏偏我那時腦袋打結，就是想不出誰很難笑哈哈哈哈哈哈哈哈！好，總之，其實他說這段話的意思就是要我說出：「哇～好羨慕喔，你可以跟外國辣模交往耶！」

但剛好那天我心情不好，送佛上西天的列車長沒上班，所以我故意裝傻反問：「哦？模特兒怎麼好笑？喔喔，你是說她個性很好笑嗎？」

好笑男說：「喔，不是啦，就以前一直覺得跟模特兒交往很酷啊！」

我說：「哇，所以你們真的交往了啊？那你可以跟女友分手了啊！（是的，他永遠都在劈腿，但這跟本主題無關就不

多說）」

好笑男說：「不是啦，難不成我要說小時候就覺得能跟老外上床很酷嗎？」

我說：「喔，好險只是打炮，到台灣的外模大部分都很窮欸，那很棒啦，只是打打炮而已，真的交往的話說不定你還要養她欸～～」（酸爆他）

記住，即使是洗對方臉也是要包裝的，就是假裝送對方一顆好蘋果，但裡面都是蟲，因為其實我是在cow say註你。

丹妮婊姐
麻口不辣心 人際說話術

丹天師一秒重點速記
Hashtag

- \# 遇到臭屁自大的人很度爛沒錯
- \# 但不如轉個念給他直達西天的機票
- \# 看到對方被捧到升天也是種樂趣
- \# 如果真的想洗對方臉
- \# 給條擦過馬桶的毛巾讓他好好清醒清醒

Part 2

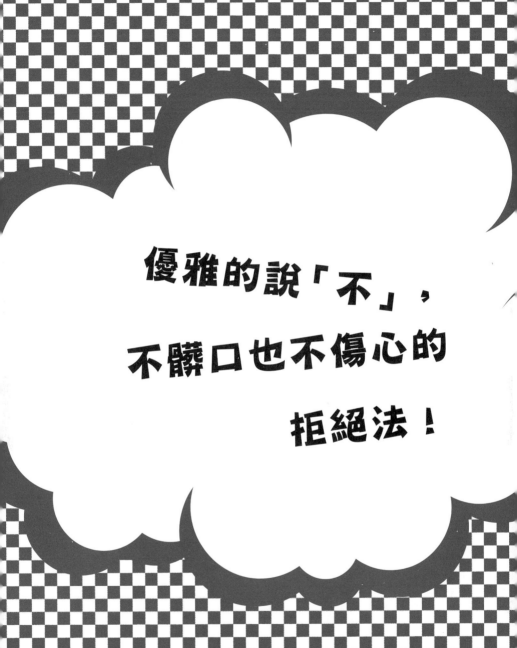

優雅的說「不」，
不髒口也不傷心的
拒絕法！

2-1

朋友來借錢，
明知對方不會主動還錢，
要怎麼拒絕？

婊姐，我有個朋友有個壞習慣。

就是幾乎每次出門聚餐都會忘記帶錢包，

所以常常就這樣借她幾百塊付餐費，

但幾次之後也累積了不少錢，

她卻從來不曾主動說要還我錢耶，

我也因為彼此是好友，

有點尷尬不知道該怎麼開口請她還錢，

到底該怎麼說才好呢？

被欠錢要不回來這件事，我本身在現實生活徹底滑鐵盧過一次。寫完這句都覺得這本書還要出嗎哈哈哈哈哈哈。當時我幫妹妹買了兩萬多的東西，我跟她直接開門見山的要，開門見山的要也是討債的方法之一啦，畢竟我跟妹妹這麼熟，認識一輩子了，但她不還就是不還，幹橫豎就是不還，橫豎就是要不到，橫豎就是滑鐵盧！！！而且她就住我隔壁，不是隔壁巷子，是隔壁房間！所以很多事情，距離真的不是問題，近水樓台錢還是要不到啦。這題的說話藝術有夠難，到底為何不還錢啦，幹，一把槍拿出來就會還了啦！媽的要是我活在沒有法治的國家，我要找黑道來我家剁她手指，也不對，我可以親自把妹妹的頭壓在桌子上，拿一把槍抵住她太陽穴，叫她還錢。

好，窩囊廢的幻想結束，到最後我怎麼解決？喔就一直跟我爸光仲吵，說他的二女兒欠我錢，你應該要幫她還！光仲原本還一直說妹妹怎麼可能不還，直到欠債欠滿三個月，一

丹妮婊姐
麻口不辣心 人際說話術

過半夜12點，我就在家用浩克方式爆炸，恐嚇光仲替他女兒還我錢，光仲只好掏出錢來幫妹妹還我，我才放過爸爸哈哈哈哈哈哈，但這篇不是要說討債就要先找到替死鬼啦（雖然這也是方法之一）。

根據不同類型的欠債人，有不同的應對方式，不過以下這幾種都通用，但，切記，這些方法都只適用在「有誠意要還錢的人」

方法一：開門見山

我個人當時被好朋友「忘記」還錢的時候（他是真的忘記），我周遭的朋友都說：「你就直接要啊！說欸欸欸那多少錢你還沒給我。」

這些豬狗朋友，就是沒去討債過，你們不知道當討債的人有多卑微、多糾結，要輕鬆說出「欸欸欸那多少錢你還沒還我」，媽啊，這句話跟喜歡的人告白難度一樣高！！直接要

錢真的需要先喝一瓶酒才有辦法說出口！所以我當時還是沒有用這方法，但不能不說這的確是正當的方式。

　　如果要使用這方法，建議可以搭配一句：「我知道你可能最近太忙忘記啦～」是的，做人就是如此累，明明是衰鬼，卻還要幫對方搬好樓梯讓他好下。

方法二：唉啊，我也不願意，但不小心想起……

　　這方法尤其要用在「你判斷他有還錢的誠意，他是個好人，只是真的貴人多忘事」的情況。說法就用「唉啊，我信用卡帳單來了，剛好看到那筆，所以我才想起當時幫你買的那些什麼什麼，你還沒給我錢喔！」

　　或是「唉啊，我刷本子的時候看到之前匯給你的錢……」反正就是裝出一副你恰巧想起，但其實你根本把這件事情記得比吸血水蛭還牢！

方法三：哭天搶地的喊急需用錢

喔這方法就是，即使你媽只是感冒也要說成一副要開刀，或是你爸需要會錢之類的。但萬一你本身是富翁，這招你真的無法用哈哈哈哈哈哈。

曾經有一個老牌明星親口對我說，她總共被各路朋友欠了幾千萬。這故事真的很老套，我不知道為何全台灣的老牌明星，興趣那一欄都要填寫：被欠幾千萬。但因為他們可能本身有好幾十億，所以就算被欠四千萬還是有九億多，也還是不會影響到生活。

所以這世界上就是有一種欠錢的天煞孤星，你跟他禮貌地討債，他還會回嗆你：「啊你這麼有錢還要跟我計較這點小錢嗎？」

最後還是要說，以上方法也可能沒用啦，若遇到死皮賴臉的不管怎樣都會欠啊拖的，或是直接消失地球表面。我就親

眼見證我朋友要錢要到最後，那天煞孤星說好好好～好到直接消失地表。

以上這些就是完全不適合用我上述方式了，在此奉獻一個真實案例。

友人哥哥是貨真價實的黑道，哈哈哈哈哈，我偶像，豪哥。豪哥就把那欠錢的人抓上車，然後把車開到高速公路上，再把他趕下車，那人嚇歪了。因為是半夜，高速公路的車根本看不到啊，可以隨時把他撞死。當然啦，也不是要你們用這樣的方法來要錢，單純分享、單純分享。

所以，請告訴自己一件事……**錢借出去的那一秒，請順勢敲鑼，然後把一個匾額掛自己房間：「借出去的錢，要不回來天經地義，要得回來你狗屎運。」**

如果你要借人錢，不管那朋友會不會在路邊餓死，請把握「千分之一」的鋼則──「你有1千只能借1元，所以你有1千萬才能借出1萬元」，如果對方不還錢，反正你還有999萬啊

丹妮婊姐
麻口不辣心 人際說話術

哈哈哈哈哈哈哈，這樣就不用為這件事煩惱啦，因為永遠不變的至高真理：「凡事不要的最大！」但因為在借錢還錢這件事情中，只要你不是黑道，那就是「借錢的人最大」，但你現在不要這錢也不要這友情了，那就是你最大啊，大可以把他的行徑公佈在各種社群軟體然後Tag他，天誅地滅！！

丹天師一秒重點速記
Hashtag

借錢這件事真的要看對方人品
信得過的就借吧
信不過的就哀自己也沒錢囉

遇到強迫推銷要如何拒絕?

最近有個朋友似乎加入了直銷團體,

常常要約我出去吃飯,

見了面就開始說她覺得我身體不太好,

常熬夜,要多顧肝,要吃一些營養品……

我總是想辦法找話題把這件事轉移開,

但還是覺得滿困擾的,

婊姐,我到底該怎麼拒絕才不會傷害到對方,

又能成功脫身呢?

我 以前當上班族時的一個荒唐老闆叫潘娜，報名參加了一個一看就知道是落難團的旅行團，因為價格離奇便宜，那價錢根本就是要自己游泳過去啦沒資格搭飛機。果不其然，領隊帶他們去買東西，整團的人被關在店家裡面，門還鎖起來，如果沒有人買就不放他們走。我老闆回到公司講的時候，我腦袋都聽到那門鎖的喀喀聲了哈哈哈哈哈。

潘娜最後說：「沒人要買那些爛東西，所以我當了英雄，我掏錢買了，整團的人才能離開那家店。」

好的，如果是遇到這種類型的強迫推銷，我們就是保命為上策，不在這次討論範圍哈哈哈哈哈哈！

一起來執行「誠實運動」吧！

被強迫推銷這件事情，有分陌生店員跟認識的朋友，但應對方法沒太大差別啦，最佳方法就是玩誠實運動。這方法我滿屢試不爽的，當然你如果是害羞型人格，要修飾一下說法

丹妮婊姐
麻口不辣心 人際說話術

也是可以啦，可以說：「我先想一想、逛一下」。萬一走不掉，如我朋友一樣，以下這故事是我朋友按摩被按到一半，店長進來、一個大屁股直接坐在我朋友床上，推銷按摩課程，我朋友全裸啊，是能走去哪？！

當時我朋友回答：「我真的沒有預算，我最近要付保險費。」但真實理由是我朋友才剛在別家買了15堂課啊哈哈哈哈哈。

講完了一般的方法，我個人非常喜歡在被強迫推銷的時刻，玩一個平常很少有機會玩的遊戲，叫作「誠實運動」。這遊戲的真諦是認真的誠實喔，不管答案是什麼。例如，朋友要跟你借錢，你就跟著內心的聲音照實朗誦：「我不想借你欸，因為我覺得你根本不會還，你家人欠了別人一屁股債，你家最近還買新車欸。」

哈哈哈哈哈哈哈哈哈哈就是如此誠實，人生在世真的太少機會能玩誠實運動，這整本書裡面也沒有任何一個篇章適

合！這遊戲大概玩個半天你就會看到各路人馬扶心臟，所以被強迫推銷的時候，真的要把握玩一下。

有一次我在周年慶的時候要狂買內衣，特價款都是5折，因為那品牌真的不便宜，所以這種時刻，摳阿巴如我，5折款看到喜歡的就是買啊～～買的好像自己有男友一樣，但明明就是地方單身老姐姐（哭）

在我陸陸續續試穿、挑選各類打折款式時，店員漸漸會塞個一兩件原價沒有打折的款式來要我穿穿看，最後變成根本都要我挑原價的，一直問我原價款有喜歡的嗎？這件真的要帶啦～～巴拉巴拉的。

我就雙手一攤的說：「是很漂亮啊，可是沒打折好貴。」

櫃姐說：「現在滿6千折6百欸，這樣也是有打折到啊～」

我就再度雙手一攤：「喔可是錢很難賺捏，而且有5折的，為什麼我要買原價的啊？」

櫃姐定格3秒又微微結巴的回：「喔喔喔，對……對啦～

丹妮婊姐
麻口不辣心 人際說話術

錢現在不好賺。」

　　以上我回的每一句話都是誠懇到不行的實話，對方再也找不到縫隙接話了。不過我能運用「誠實運動」的情境也沒有多到嚇死人，期許各位表弟妹能從以上故事掌握到誠實運動的真諦。

　　想必還是會有表弟妹問，萬一對方繼續勸說：「可以分期啊，這樣壓力少很多。」

　　那就是繼續玩誠實運動，照實回答：「你的提議很好，我考慮一下。」（定格2秒後）「嗯我考慮完了，我還是不想買。」

　　我禮貌還是有照顧到呀，我有考慮一下，但就2秒哈哈哈哈！！被強迫推銷真的可以玩誠實運動，人生當中已經有太多身不由己的事情了，媽的，消費這事可以不用再身不由己了吧！

　　很多被強迫推銷的人當下是因為「恐懼對方生氣」而不敢

拒絕，但其實也沒什麼好恐懼，因為他強迫你的時候，也沒在害怕你生氣啊。如果一個朋友真的因為你不買而生氣，那不是更好嗎？讓你順便檢視自己交朋友的品味是不是該值得擔心。這整本書到底有幾個主題要檢視自己交朋友的品味哈哈哈哈哈。

結論，不想買就不要買吧！！

丹天師一秒重點速記
Hashtag

\# 如果是陌生人的推銷堅定拒絕就好

\# 是好朋友就不會強迫你

\# 推廣誠實運動

丹妮婊姐
麻口不辣心 人際說話術

談好的價格，
遇到坐地起價的情況該怎麼辦？

最近因為工作的關係，
我外包案子給外部單位處理，
原本說好的價錢，
卻在談好的3天後忽然改變，
而且還是調漲！
但問題就在於我已經先付了一部分費用……
遇到這種情況我該怎麼跟對方談呢？

寫 書寫到一半剛好發生了一件事，完全對應了這個主題。我因為要訂做櫃子，透過朋友介紹，找來了一個木工，一切價錢尺寸都談好之後，他說一共要做10天，然後我就先付了訂金，雙方談好完工後再付尾款，接著對方就在我家車庫開始動工。

做到第3天時，他老兄傳訊息說：「估價的時候少估到一個材料的成本，可以跟妳追加8千嗎？」

碰到這種人我都覺得是天要亡我，真的好希望自己是《金牌特務2》的罌粟姐，笑笑的把惹毛她的人丟進絞肉機還做成漢堡哈哈哈哈哈哈哈哈哈，好吧，我只是開開玩笑說說而已。

這一題遇到的狀況，不一定限定是訂做櫃子，反正打從裝潢還是任何已經付訂金，對方做到一半的事情，就是稱為——歡迎光臨登上賊船。

如果我說「去死吧！」然後裝死完全不付，那後果可能

丹妮婊姐
麻口不辣心 人際說話術

就是我的櫃子只放一張衛生紙進去就會垮掉；但老娘如果說「不做了」，我已經先付的訂金他怎麼可能會還我啦！是不是真的應該要把他扛起來準備丟進絞肉機，然後問他：「你還要漲價嗎？（甜笑）」這樣最實際。好好好好好，我開玩笑的。

我終究是受儒家教育長大的，所以我腦中第一個浮現的想法就是：「中庸之道」，折衷。我內心設下的底牌是：好啦，就跟他一人一半，4千，這樣公平吧？畢竟是他的錯啊。

但我就先不回他，裝死幾天，出家門會跟他碰頭也都是用「大明星旋風式」上車，不給他一秒跟我講話的機會哈哈哈哈哈。直到我爸光仲說：「妳再裝死下去人家會越做心情越差。」

於是裝死幾天後，我只好出面跟這木工說：「我從來沒有聽過這種事情欸，是你沒估到，但我也不想坑你啦，那我們一人一半，我幫你扛一半，也算很有誠意了吧。」

最後結果他是答應了，至於他到底有沒有真的少估算，我永遠不會知道答案。

但我還是覺得這一個命題怎麼如此雞巴毛，我真的遇到瓶頸，自己也覺得很困惑，到底該怎麼樣解決才堪稱完美？！後來我在夜深人靜的時候，想起一件事情。

飽讀詩書如我，曾經在一本美國人寫的談判書中看到一段談判重點：「永不折衷。」但說實在我完全忘記細節，所以我就找出書翻找，書上寫：「妥協只會帶來爛交易，爛交易還不如不要做交易。」

看到這段，我真想說他奶奶的，我交易已經做一半了，訂金都付了啊！那還能怎麼辦？然後我繼續看下去。

作者舉例說，老婆希望先生穿黑鞋，但先生不想穿黑鞋，想穿棕色，所以折衷後各退一步，一腳穿黑一腳穿棕。作者認為，人們愛折衷是因為這是比較簡單的安全牌，想說自己還有一半的餅。不過，身為談判專家，要忍受比較麻煩才能

丹妮婊姐
麻口不辣心 人際說話術

得到創意的解決方法。

　　因為我在寫這篇文章的時候我是真的已經拋出4千了啦，大錯特錯，完全無法挽回，沒關係，等他櫃子做好，再說要合照，然後貼去爆料公社叫全台灣千萬不要找他做就好哈哈哈哈哈哈哈哈哈哈哈（我真的開玩笑的）

　　我犯的錯就是，我劈頭把8千元折衷，55折，但其實那談判專家他的邏輯是要從19折開始，哈哈哈哈哈哈哈哈，要先從一個很低的目標開始喊起，所以我多出8百元……唷！

　　白話來說，那個談判專家採用的方式是先讓對方覺得他的目的，你很難達成，堅持一下，談判一下後再讓步，心理戰會覺得：「啊，我還是有賺到！」以上方法（我的讀書心得）分享給大家囉！

丹天師一秒重點速記

Hashtag

\# 是不是該來團購絞肉機？

\# 談判要先從最利己的目標來談

\# 先冷處理也是一種心理戰

丹妮婊姐
麻口不辣心　人際說話術

2-4

朋友想用人情壓力凹我做事，
該怎麼辦？

因為朋友知道我會美編，

所以當她開了店後，就各種拜託，

要凹我「免費」幫她設計海報、名片，

還說不需要太複雜的設計，

簡單版的應該不太花我時間（翻桌），

這種白目的拜託我要怎麼拒絕啊？

为了這一題我認真地訪問了我一個朋友M，但是M超煩，一直各種反問：「那做得到的就做啊，為何不幫？我很少會拒絕朋友欸。」、「那朋友是要我做幾件事情啊？如果三件我可以做一件就好啊～」（問不停）

　　煩死了！這命題就是：你不想做，你壓根不想做，做不做得到是另外一回事。但基於一些小雞毛理由你就是不想做，但又不好直接大吼我不要！

　　舉例來說，因為我個人職業別的關係，在我職業嘴炮生涯中，開始有點微微微微微走紅之後，最常遇到被拜託的事情是：「你可不可以幫我PO一個＿＿＿在妳粉絲頁？」不然就是「欸我要推出一個產品／我開了一家店，妳幫我業配一下巴拉巴拉……」

　　差不多都是這方面的事情。但我就是不想，我當然有我的理由不想。簡短的解釋，通常要我PO東西的，舉例來說，有

丹妮婊姐
麻口不辣心 人際說話術

一次是一個人她自己參加啥小攝影比賽的作品，然後要我幫她PO在粉絲頁，叫大家連過去看。

這是小事啊我當然能做，但我不想做，是因為明知PO了，留言一定票房慘澹哈哈哈哈哈哈哈，因為這種東西沒有互動性，而且是妳個人比賽，到底關我表弟妹什麼事情？又不是公益資訊那就另當別論，當然沒有話說。

而至於哪個朋友出啥產品、還是賣什麼東西、還是自己開店，雖說他們有些是要付我錢啦，但這不是錢的問題，是我不想賺，因為東西很爛啊哈哈哈哈哈哈。

就算你跟我不是同一個情境，但就是差不多概念啦！人情壓力逼良為娼到底該怎麼拒絕？這時候要看兩種情況。

第一種：還想要這朋友

只是你怕直接拒絕對方，他會記恨（真的是天蠍尤其），隔天晚上拿蠟燭站在你床旁邊看你睡覺；或是怕直接拒絕

了，會影響友情，他開始把你打入冷宮，你夏天都不用開冷氣了。

這時候，由於老祖宗一句爛話──「能者多勞」，造就無數苦主，所以同理可證，「無能者都不用勞」。因此首先，當然就是開始把自己講的有夠無能，請你想辦法把自己說的是無能奧運冠軍，把自己講的跟全殘差不多。像當時我就有說：「可是我覺得我自己最近PO文都成績好差喔～而且其實我粉絲也很少，效果應該會不好。」

以上就是典型的軟釘子，一碗很小的閉門羹，約莫瓶蓋這麼小。

誰說幫忙就一定要全力做到最好？

比較懂人情世故的，這時候就不會繼續為難你了，但這種是人間極品世間難尋。整個地球絕大部分都是天煞孤星，生來毀滅我們這些正常人，所以，他們肯定會繼續說：「沒關

丹妮婊姐
麻口不辣心 人際說話術

係、沒關係，你就做。」到這個階段，你就答應他，如果這個人情壓力的要求，以不損害到自己為前提，你就把這件事情，做到最爛、爛到谷底、爛到地獄第18層再挖一個樓梯往下走都沒關係！

我當時想說推不掉了，我真的被逼良為娼，必須轉PO我那朋友的啥小碗糕攝影比賽。票房本來就是預料中會很爛，但我要爛上加爛，比谷底還要低的爛，所以我挑一個很爛的時間，可能打開農民曆，上面會寫「忌PO文」的那種時間，然後再隨便懶洋洋地打一行字，把那東西就這樣轉PO到我的社群頁面。

果不其然，票房真的是爛到不行，而且居然還有表弟留言：「婊姐我不懂你PO這是什麼難看的東西。」根本小連恩尼遜來著，神救援，幫我搬了棺材來哈哈哈哈。從此以後，這位朋友當然再也沒奢望我幫她轉PO任何資訊了。

又到了檢視交友狀況的Moment

再來另外一種狀況是——「這朋友你不要也沒差」，那就「有禮貌＋狗狗感」的拒絕吧，反正我的經典名言：朋友再交就有。

像我當時有朋友拿他不知道哪搞來的爛保養品要我業配，我就很有禮貌地說：「抱歉，我不賺朋友的錢，不喜歡跟朋友有金錢往來。」通常會就此打住。

但我遇過那種下一句回我：「那你不要收我錢啊。」

我就再說一句：「喔，抱歉我命很差，臉很嬌貴，所以很容易過敏，希望不要影響到我們的友情喔！」說了這句話後就是關門，要當不當朋友隨你！

丹妮婊姐
麻口不辣心 ♪ 人際說話術

丹天師一秒重點速記
Hashtag

是好友就不會凹你

又是個慎選朋友的命題

但誰說接了就一定要做好

做不好就不會有下一次了（奸笑）

小番外

王八蛋拒絕法！

本篇感恩妹妹琵琶提供的萬用靈感！
雖然苦主我因此很苦，
但其實很受用哈哈哈哈（苦笑）

這一個番外的拒絕法，可以適用在很多事情上！！超級萬用！這是從我妹身上學到的。反正我妹此生都不會看我寫的書哈哈哈哈哈哈哈哈。

我爸媽邱女跟光仲兩人，在我倆從小到大，都滿公平地分派我倆家事，巨星我本人真的窩囊廢，超討厭做家事，但我都會以灰姑娘姿態乖乖去做完，但我妹就不同了。

由於我妹就是一個好吃懶做的人，她才不想做家事（再次禱告妹妹此生都不會讀這本書），但我妹知道拒絕一定會挨罵，所以她每次都會一口答應的說：「好的，我等下去擦地。」、「好的，我等下就洗碗。」、「好的，我會去晾衣服。」各種好的、好的～配合甜笑，然後約莫五分鐘後你就看到她打扮好出門了。幹滑倒（我說我）！或是門關起來睡午覺了，或是明年再去看那堆衣服還是在那沒晾。就是王八蛋！！

每次看到她那出門的背影，都好想拿手上拖把用丟標槍的

丹妮婊姐
麻口不辣心 人際說話術

方式，丟妹妹的頭喔！！哈哈哈哈哈哈哈哈哈哈妹我愛你，姐姐愛你喔～～

　　所以這種拒絕方式──「一口答應，但其實根本沒有要做」，我稱之為「王八蛋拒絕法」，非常適合用來拒絕在生活上一些小雞小毛事情上。

　　有人一定會問：「那婊姐，重大的事情也能用王八蛋拒絕法嗎？」喔也可以啊，差別只是你會不會有生命危險而已啦哈哈哈哈哈，因為我爸媽橫豎都不會殺我妹妹啊，大家都成年人了，請自己評估！

　　由於我妹給予的靈感，我就真的從此實踐到我的人生，但當然主要是用在一些真的還好的事情，例如我很不想跟他出去的人，他一直要我跟他去哪去哪，我都說喔好啊好啊，但一次都沒去，好用死了。

　　至於和工作相關之類的重大事項請不要濫用，不然你就會變成一個真正的王八蛋喔！

Part 3

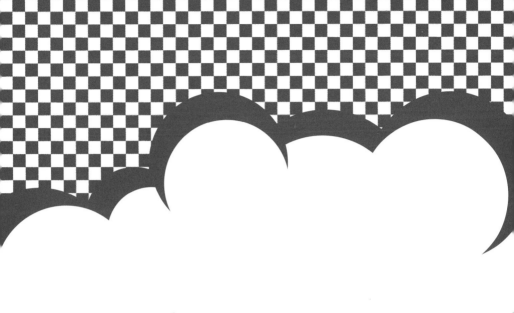

請服用！
人際應對的萬靈丹

3-1

跟喜歡的人怎麼聊天不冷場？

最近認識一個對象，
其實對她滿有好感的，
但是不知道是太緊張還是怎樣，
每次聊天的時候我明顯感覺到對方有點意興闌珊，
後來她說我講話滿無聊的……
所以她不知道該怎麼聊下去……
婊姐，怎麼辦？要怎麼聊天不冷場？

這一主題不分性別，沒有區分是男對女還是女對男。因為不管是男生還是女生，只要是一個正常人，當你對一個人有興趣的時候，或是甚至你已經喜歡上對方，在這階段想要的，就是能跟對方有很棒的互動啊！！如果能進階到曖昧，那就是雙方熱烈的交代祖宗18代跟從幼稚園開始交代人生。

每次我看到朋友曖昧，我都會問：「現在交代到國小幾年級了？」哈哈哈哈哈。

但進階到交代到國小幾年級的曖昧以前，總要有一個良好的互動開始，這篇文章是在講這良好互動的「門票」，沒門票到底是要怎樣曖昧啦？良好的互動很重要，畢竟又不是約炮，不用講話直接來就好。

有一陣子我認識了不少男生，其中有幾個男生，他們三不五時會主動用通訊軟體敲我聊天，雖然我是性感亞洲珍妮佛羅培茲，但我不會定義他們喜歡我，沒這麼不要臉，但至少

丹妮婊姐
麻口不辣心 人際說話術

對我這人，是有興趣的吧。對話如下：

　　9527：「聖誕快樂，去哪過呢？」
　　我：「只有去喝酒ㄟ～你呢？」
　　9527：「我有出去玩玩啊哈哈」
　　我：「去哪裡玩啊？」
　　9527：「HK。」

　　或是一個弟弟，他主動找我聊天，然後跟我說他要去當兵了。我要強調都是對方主動，因為如果是我主動跟對方講話，對方根本不想理我，所以給我句點全餐，那很理所當然啊！！

　　我：「那你是當哪一種兵啊？」
　　弟弟：「我是當四個月的。」

我：「喔好短暫，兩秒就可以出來恭喜～但為什麼是四個月啊？」

　　弟弟：「因為我是XX年次。」

　　是否各種句點哈哈哈哈！

　　其實上面那些對話，亞洲歐普拉如我，硬要我再聊下去也是可以，但就是因為我身為亞洲歐普拉，平常工作就要採訪跟主持節目了，到底為什麼下班還要再採訪人？！你們以為自己是歐巴嗎？為什麼找我聊天到最後，很容易變成我在採訪啦？

　　這類句點人的問題是因為他們聊天，都只進行一問一答，完全參加考試的概念，不但不延伸自己的回答，也幾乎不反問別人問題，這就是所謂的句點式回答。這種對話再繼續下去，就是變成是我在採訪王菲！！！！！幹搞得好像我對你人生多有興趣，但我根本沒有哈哈哈哈哈，明明是你們找我

丹妮婊姐
麻口不辣心 人際說話術

聊天的呀！

　　當然這樣的回答也沒有不對，不過句點式回答是給超級帥哥跟超級美女的特權，因為蘇志燮跟周子瑜站在那就會有人喜歡他們了，不用會聊天啦，會呼吸就好。或是天王天后的特權，誰！？就王菲啊！她有權力這樣對待媒體啊！

　　萬一你不是蘇志燮跟周子瑜，那你還是準備點聊天技巧好了，不然死在聊天技巧太爛，這真的冤枉。

　　因為這一篇主題設定是，「不要冷場」，而不是「要怎樣成為聊天高手」，這設定是不太一樣的。剛剛我前面真實案例的對話，就是差不多是俄羅斯平均氣溫那種，還不至於到北極，但那是因為我本身是歐普拉，再加上那兩位都長得帥，有稍微拉高溫度。沒辦法，人帥真好。

　　對話會讓我覺得各種被句點的原因，是因為他們都給我「裸體的答案」。HK、四個月。幹各種裸體啊，這樣還不懂嗎？

舉例來說，假使我今天在一個場子，我朋友介紹另一個人給我認識，她說：「A，這是丹妮；丹妮，這是A。」

　　我倆彼此「哈囉」之後，然後接下來應該會是一個尷尬敲門，尷尬到家的沉默。因為她介紹人的方法就是裸體啊！！！

　　介紹人好歹也說說A在哪上班，或他很會做菜之類，至少穿件內褲的介紹，我才能有切入點啊！才能接續問：「喔～那你怎麼學會做菜啊？」諸如此類能夠接下去的問題。

　　結果介紹人只給我一句：「他叫A。」所以呢？我也只能說：「A你好」，不然還能說什麼啦！因此，不要冷場的方法，就只有一個最大守則就是：「任何回答都不要裸體。」

　　例如9527他回我：「HK。」

　　這回答是也沒錯，但靠，我完全不想回他訊息，我不是唱秋，是……我真的覺得他句點我啊，他根本不想跟我講話啊！！！

丹妮婊姐
麻口不辣心 ✦ 人際說話術

他如果改成說：「去香港玩，應該會大吃大喝，（穿上了內褲）你有推薦的嗎？（穿上了褲子）」

有了內褲跟褲子，任何人都能接話了！你們不能以我為標竿，因為我多年來累積的主持功力，就算對方給我裸體兼光頭的答案，我就是能夠當場生出大外套給他披上！

後來有天9527跟我抱怨，我永遠都不會主動敲他，我就趁機發火的說：「因為你成天句點我啊，我怎可能主動找你聊天（怒氣衝天）！！！」

他才很驚恐的說：「我有句點你嗎？！我真的沒有啊！」

這時候我才發現，喔～～原來真的有聊天智障欸！

如同我這本書的編輯說，她先生當年要追她的時候，總是安靜地聽她說話，原以為他是木訥，結果熟了之後，他才說當初是不敢說話，因為怕說錯話或問錯問題。（至少要說話啊！沒說話怎麼互動啦～直接死）

遇到有興趣的對象或喜歡的對象，死在冷場真的太冤，這

死法冤透了，很像去中東打仗了但沒被武器打死，是不小心自己下樓梯摔死。希望各位記住「任何回答都不要裸體」，至少不冷場的從朋友當起，好歹為自己搶到一張聊天門票吧！！！

丹天師一秒重點速記
Hashtag

\# 記得幫自己的回答穿上衣服

\# 裸體這種事等交往了再說

\# 多說幾句不會死

丹妮婊姐
麻口不辣心 人際說話術

3-2

和另一半生活習慣不同，
要怎麼開口卻又不惹對方生氣？

現在和男友同居中，
但他有幾項生活習慣真的讓我超級受不了，
換下來的衣服、襪子、內褲都隨地亂丟！！
刷個牙噴得鏡子都是，害我常常要擦。
這些事情跟他說了幾次，結果他不但不改進，
還嫌我囉嗦……氣死我了！
到底有什麼方式可以跟他溝通啊？

在寫這本書的過程中，我不小心脫離單身狗，交了個男友，而且在寫這篇文章的當下時空，我們才在一起沒多久。但畢竟無常就是正常，所以當然誰也不知道我跟他會不會長久或分手，但不管未來是如何，這個說話技巧我會永永遠遠地對我另一半使用下去哈哈。

我跟男友認識的過程，我覺得他個性跟人格都滿符合我理想的條件，而在認識的過程中，他常常開車載我出去玩，其實觀察男人的車子滿容易察覺出對方的生活習慣，這點很重要，畢竟愛情有一部分，可以說是很大一部分，攸關生活習慣契不契合。

我有一個朋友，當年結婚一個月就離婚，因為她在婚前完全沒有觀察到前夫的生活習慣，我朋友是一個非常非常整潔、可以說是有點潔癖的人，沒想到那位前夫，阿哈樂透，不僅髒，還有很特殊的囤積癖。不要問我為何我朋友婚前沒發現，生命就是如此玄妙啦不然呢？！所以我朋友一個月後

丹妮婊姐
麻口不辣心 人際說話術

就徹底崩潰離婚。

　　我是沒潔癖，但我還是偏向愛乾淨那一桌的，凡事都是比較值，比我乾淨的就會覺得我是大髒鬼，但比我髒的，我就會覺得他是髒鬼。

　　回到車子可以觀察出對方生活習慣這件事，總之，他就是比我髒，所以我覺得他算髒鬼哈哈哈哈哈。幹寫到這真的覺得人生到底多機八，反正我寫這本書的過程，我認識的四個男人當中，其中兩個，都真的是趨近於潔癖，根本比照韓劇男主角的家一樣一塵不染。我個人的確是偏好整潔的男生。其中一個男生我去他家作客後，有一次我們出去，我提到他家真的非常非常整潔跟乾淨，他居然回我：「蛤，那天我還覺得很不好意思，因為沒整理覺得家裡很髒亂，我這兩天才大整理。」

　　靠北，我真的想不出來他家到底還要整理什麼啦哈哈哈哈哈哈！媽啊他家乾淨程度，感覺有一根頭髮掉到地上，警報

器都會響起哈哈哈！到底要整理什麼？！檢查每一個家具放置的經緯度嗎？！

而我認識的另外兩個男人，對我來說，都是髒鬼啊！但有趣的地方在於，那兩個潔癖男，雖說不是壞人，只是個性都滿機八毛的，極度自私；而這兩個髒鬼，對我卻非常好哈哈哈哈哈哈哈，真心誠意。

好的，人無完人，雖然整潔很吸引人，但要改變一個人的靈魂個性成功率非常低，女作家很忙，我直接放棄，但生活習慣有很高的可能性可以被改變！所以當我觀察過後，覺得這位髒鬼先生還算有救，不至於到大髒特髒，因此我還是決定跟他交往。

但問題來了，生活習慣不同，要怎麼跟他開口卻又不惹對方生氣？

「欸你可不可以吃完東西包裝紙或垃圾不要留在車上

丹妮婊姐
麻口不辣心 人際說話術

啊？」

「欸你車子地板很髒，該吸一吸吧！」

「欸你房間也太髒了吧，我真的受不了，快點整理一下！」

「欸你用過的餐具給我馬上就洗，不要留在水槽！」

我讀過一本書裡面有一句話我印象非常深刻，男人要的另一半，是一個女人，不是一個媽媽。所以千萬不要成天對男人碎碎念。

我剛剛上面那一輪，都是我內心的真心話，但如果說出來完全就會變成一個碎念的媽媽，還是生過三個的那種。

我親眼見證過不少女人用碎念方式對待老公，除非那男的是稀有的特M，不然絕大部分，碎念就是消磨掉兩人之間的愛情。好一點的男人，把碎念當「耳邊時間」，完全不鳥，我行我素。

為什麼不是耳邊風？喔因為風有聲音，時間沒聲音哈哈哈所以我覺得是時間比較貼切。更糟糕一點的狀況，就是一被唸就翻臉。

這兩個都不是我要的結果。我要的是：「他老兄心甘情願達到我要的乾淨標準。

我初次造訪他房間的時候，媽的，真的車子等於家，就是一個髒鬼，但也還沒到要分手的地步，所以我的抗戰來了。我目標非常明確，再說一次，我要的是：「他老兄心甘情願達到我要的乾淨標準。」（只差沒開記者會宣布）

但該怎麼說才不會是變成碎碎念，消磨掉愛情呢？

這要先從行動開始。

首先，我都不吭聲的在下車的時候，把他車上遺留的垃圾，主動拿去丟掉。一陣子之後，有一天我又在收他車上遺留的垃圾時，我內心原文是：操你媽的，你到底多散漫，為何下車不順便丟掉垃圾？！

丹妮婊姐
麻口不辣心 人際說話術

當時我真的正在寫這本書的過程，所以經過思考，於是就來測試一下。

　　我用撒嬌的語氣，並且裝可憐的方式說：「親愛的，我覺得我好像你的打掃阿姨喔～～我都在收你留的垃圾，你不是說你要疼愛我嗎～～～～～」（請配合知名電影《史瑞克》裡面鞋貓劍客的裝可憐表情）

　　注意，我不是單純用撒嬌的語氣要求說：「親愛的，你可以在下車的時候把垃圾都拿去丟掉嗎？」（配合微笑）

　　如果單純撒嬌的話應該也是會成功，但我建議除非妳的臉是史嘉蕾喬韓森才這樣用啦哈哈哈哈。因為《醉後大丈夫》第一集裡面那個智障牙醫史都，電影中，他未婚妻都是用這種撒嬌方式，但其實背後根本是命令的語氣在要求他做事！媽啊，妳們一定要去看那幾幕，真的超機八毛。電影中其他男人，也一概都覺得他未婚妻是一個機八毛臭婊子哈哈。

　　所以我意識到如果單純用撒嬌語氣，但其實背後是不容

許你有意見的命令，只會變成醉後大丈夫裡面那婊子啊哈哈哈。

　　於是我是用撒嬌的語氣，但說的內文完全無關命令，我完全沒有要求他做任何事。我重點擺在——闡述自己悲慘的人生。一說完，他就立刻把車上垃圾全部收一收拿去丟了，還跟我道歉哈哈哈哈哈哈。

　　不然就是他造訪我公寓的時候，用過的餐具，他沒有馬上洗，而是用臭男生方式遺留在水槽！這時候雖說我內心原文是：「你用過餐具給我馬上洗一洗！！不然會有蟑螂！！」

　　但在此真的要先心理建設，其實可以不用生氣，就單純生活習慣不一樣，所以我也是一樣用撒嬌語氣，內文無關命令，裝可憐地說：「親愛的，這裡很容易有蟑螂，餐具放在那不洗，我好怕蟑螂會把我吃掉啊～～～～～」（配合嚇到吃手手的動作）

　　然後他就乖乖的、立馬把餐具洗好哈哈哈哈哈哈。並且

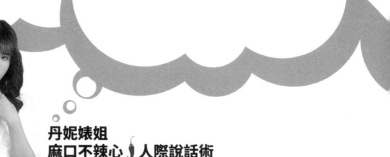

丹妮婊姐
麻口不辣心 ♪ 人際說話術

一定、一定、一定要在對方真的去做的時候，大力誇獎，媽的越大力越好，把你原本想掐死他的力道轉換成誇獎：「天啊，愛乾淨的男人真的很性感欸～～～我好喜歡愛乾淨的男人。性感炸了。謝謝你洗乾淨！！」

注意，誇獎的時候，順便見縫插針，表達自己的喜好。我當時順便闡述：「我喜歡愛乾淨的男人。」

我就成天在日常中，使用**「撒嬌＋裝可憐＋配合幼稚園老師誇獎兒童的誇張語氣」**，熟練地換來換去。在我第二次造訪他家的時候，他老兄居然真的，把房間整理的乾淨非常多！

而我再度使用老招大力誇獎他的時候，（我說天啊，這什麼芳香劑，味道也太好聞，媽啊性感死了，你房間怎麼變這麼乾淨？？我現在真的覺得你更火辣了）沒想到他居然回我：「喔，我才整理到一半啦，還要繼續慢慢整理。」

我從頭到尾，完完全全，都沒嫌過他房間髒，也從來沒命

令他要整理房間，更沒成天對他碎碎念下車的時候順便丟垃圾！就這樣，達成我的目的。

　　記住，碎碎念跟命令除了會消磨愛情之外，達成目的成功率也會很低，如果想要改變對方的生活習慣，（這方式用到女性身上應該也適用），就用「撒嬌＋闡述自己悲慘人生＋配合幼稚園老師誇獎兒童的誇張語氣」吧！只要對方是正常人，應該都可以成功被訓練。要是這樣還是沒改變，那真的是可以分了啦哈哈哈哈哈哈哈哈。

丹妮婊姐
麻口不辣心 人際說話術

丹天師一秒重點速記
Hashtag

\# 沒人受得了撒嬌＋裝可憐的方式啦

\# 今天就立刻用這種方式來搞定他

\# 除非對方是故意惹妳生氣

\# 那就又要出動絞肉機了

\# 千萬別變成生 3 個的愛碎唸老媽子！

3-3

懷疑另一半偷吃，
該怎麼探問？

前陣子朋友偷偷跟我說，
在電影院看到男友和其他女生在約會，
但來不及拍照當作證據，
想請問婊姐，
這種情況要怎麼跟男友攤牌呢？

這 個說話技巧的靈感是來自於我很喜歡的一部偉大的小說——《盜墓筆記》。

　　這是一部奇幻小說，和說話藝術完全無關哈哈哈哈，我先解釋一下當時小說那一幕。主角吳邪是盜墓賣骨董的，他的叔叔是那一區的老大，就大盤啦，下面很多中盤這樣，某天卻因故失蹤，但因為大家謠傳老大失蹤，所以下面的人就開始各種搗亂，例如帳款做假、私吞錢財之類，所以男主吳邪帶上類似電影《變臉》那樣的叔叔面具，假扮他叔叔回來了，然後召集所有中盤來開會。

　　這是一個很高段班的套話招數，就是「裝得我什麼都知道，但其實我什麼都不知道」。但有一個非常大的前提，是你要完完全全確認對方有鬼！

　　我多年前真的親自實踐過這方法，而且我成功了。

　　我有一個長輩朋友，跟她聊天的時候，提到她老公突然變得愛漂亮，所以要幫她老公詢問我關於醫美診所的資訊，我

丹妮婊姐
麻口不辣心 ｜人際說話術

一聽到這，真的耳邊立刻貝多芬《第五號交響樂》響起。

我一口咬定她老公一定有外遇了，而且還是用瘋狗的態度咬。因為這男的，一輩子都不重視打扮，一輩子沒用過保養品，連鞋子都只有兩雙替換，衣服可能只有3件，卻突然開口要問醫美資訊，他媽的就是外遇了！突然愛漂亮就是外遇啊，因為戀愛了啊！這就是女人的直覺，FBI根本應該由女人當家才對哈哈哈哈哈哈。但如果這男的原本就是超愛打扮例如韓星GD，那就完全不適用了。

不過因為我沒有任何證據，但仔細詢問之下，長輩朋友的確覺得最近老公回家的時間變很晚，她老公當然是推脫給各種工作理由。但由於朋友沒有上班，房子也在老公名下，所以不管怎樣，身為朋友的我，還滿擔心這苦主如果跟老公攤牌，到時候什麼都沒了，還會被趕出家門，所以談判目標是房子要過戶一半給那位女性長輩，這樣不管外面的女生怎樣要錢，至少這房子還在。

因此第一步得要先讓她老公親口承認外遇，才能來談房子過戶的事。不然突然要房子，誰會給啊？但我們在什麼證據都沒有的狀況下，她也沒錢請徵信社，該怎麼讓老公承認外遇？證據至關重要，因為外遇的人，在沒有證據攤在眼前時，誰、要、承、認！這真的大卡關！

　　我走投無路之餘，忽然想起了「吳邪丟帳本」的故事，想說死馬當活馬醫，所以我立刻幫長輩朋友打好簡訊：

　　「老公，當我發現這件事時，感覺就像我所認知的熟悉的事物一一瓦解那般，原來殺傷力這麼強大到我無法負荷，這種錐心之痛難以言諭。你一定想知道我是如何發現的，但過程一點都不重要，就，好死不死我只是路過聽到罷了。當你對別的女人釋放你那過多的善意時，卻沒考慮到我和小孩會傷心難過，沒有考慮到我們幾十年來的感情。我希望你能夠冷靜的處理這件事情。」

丹妮婊姐
麻口不辣心 人際說話術

以上是當時簡訊的大致內容。就是要表現得好像什麼都知道，但其實，根本什麼都不知道啦哈哈哈哈哈哈哈哈哈哈哈。所以我前面有說，你一定要千真萬確、肯定對方有鬼，才能用這方法套話，不然就是真的會被當肖A。

　　這方法真的很高階班，你一定要反覆練習自己好像真的什麼都知道，還有一個重點——裝作自己知道的時候，也千萬不能只說：「我知道你外遇了～」因為這樣一定會被反問：「你看到什麼？幾點？在哪裡看到我和別的女人在一起？」

　　我剛剛前面講的《盜墓筆記》的例子，吳邪也沒說：「我知道你帳有問題。」因為肯定會被反問哪裡有問題？

　　被反問就是死定，因為完全沒證據啦哈哈哈哈哈！所以吳邪就是直接摔帳本啊，用氣勢來凸顯自己的憤怒，下面的人因為心虛就會被震懾住，反而沒膽反問他！吳邪前一天晚上還在那練習摔帳本角度摔一整晚哈哈哈哈哈哈！

　　所以決定要用這招後，我和長輩朋友也反覆練習及思考，

到底要怎樣裝得我們什麼都知道？（Ｆ×××，我讀書有這麼認真嗎我）所以最後我幫她擬定「摔帳本簡訊」內容的時候，還加上一句：「你一定想知道我是如何發現的，但過程一點都不重要。就，好死不死我只是路過聽到罷了。」這句就是要讓他忘記反問哈哈哈哈哈哈，完全裝出像是我手上有一百張他進汽車旅館的照片，但我真的一張都沒有啦幹！！

結果如何呢？她老公還真的慌慌張張的承認了，至於故事後續，就也不重要了。FBI台灣分局長丹妮婊姐下台一鞠躬。

經過這件事，我把這方法稱之為「摔帳本套話術」，切記要用在你千真萬確的確定對方有鬼，我要再次強調，千真萬確！！如同我千真萬確願意跟蘇志燮沒有明天的那樣萬確，但你手上苦無證據的時候。

其實電影裡也有類似這種手法，就警察問訊的時候對嫌犯說：「你隔壁的都招了，所有事情我們都知道了，你就招了吧。」但其實壓根沒人招啦，警察什麼都不知道啦！

丹妮婊姐
麻口不辣心 人際說話術

丹天師一秒重點速記
Hashtag

\# 使用這招演技要上線

\# 氣勢很重要一定要唬住對方

\# 做錯事的人鐵定會心虛

\# 但千萬別逼良為娼（?!）

3-4

一直被白目鬼探問隱私，不爽在心口難開

實在很不喜歡參加有許多長輩的聚會，
幾乎每次都會被問到「現在年薪多少了啊？」、
「升主管了沒？」諸如此類的問題。
因為薪水說高了會被cow say（挖苦），
說低了又要開始聽她炫耀小孩怎樣又怎樣……
婊姐有什麼方法可以一句話堵住對方的嘴啊？

在我年輕的時候有個朋友，成天跟我哭喊她很窮，但她真的很想要買房子……喔在此先打岔一下，全天下喊窮的人，都是最有錢的人，因為這人成天跟我喊窮，沒多久後有一天突然買了1400萬的房子。

我有另一個朋友也成天跟我喊她失業很窮，還很愛截圖給我看她的帳戶餘額，真的是那種剩下2～3百元台幣，我還想說是不是該找個名目偷塞錢給她過生活？結果幾天後我聽到她要去「八里」住兩個月，我剛聽到的時候還想說，八里是有什麼好玩的嗎？幹不是，是「巴黎」！！在歐洲的那個巴黎哈哈哈哈哈哈哈哈哈！所以巴黎機票是台幣30元一張嗎？

喔好，回到原本的故事，因為那朋友真的每天跟我苦惱她多想買房子，基於一個有情有義又頭腦簡單的蠢貨，我要強調，當時我真的沒有多想什麼，只是每天聽她抱怨，所以我有一天就劈頭問：「那你現在一個月薪水是多少啊？」（丹天師說明：是用通訊軟體聊天）

丹妮婊姐
麻口不辣心 人際說話術

我會問這問題，是因為我想要幫她一起計算薪水跟頭期款之類的事，想要鼓勵她再多存幾年或是可以投資一些巴拉巴拉之類的理性建議。我真的沒有要探人隱私的意思哦，雖說我當時的問法的確白目，但要不是她整天都在跟我哀嚎她買不起房子，房子好貴，頭期款好遠，我有必要問這問題嗎！！！

　　那朋友回答我：「喔，我們公司是用年薪計算，而且還有獎金不一定。」

　　因為我沒聽到預期的那種答案，所以我又很蠢的追問：「所以那這樣一個月是多少啊？」

　　她依舊回答我：「我們算法是年薪欸，還有獎金也不一定。」

　　當面對不想回答的問題，這就是一個很完美的回答方法，叫作「答錄機回答法」，就一直給一樣的答案，不管你對他講什麼，他永遠回答同樣的答案，有答啊，但沒有答到你的

問題哈哈哈哈哈哈。

　　在她第二次這樣回答的時候我總算意識到，喔～～～她不想透露她的薪水！所以我當然很識相的停止再追問。（然後沒多久後她就突然買了1400萬的房子）

　　所以如果被問到你不想回答的問題，然後對方又一再追問，你就只要像答錄機一樣，重複給一個標準答案，給一個好像有回答但其實根本沒回答的答案哈哈。

　　後來有一天，這1400萬大亨朋友，對，我幫她改名了。她在朋友聚會上，當著大家面前劈頭問我：「妳現在當丹妮婊姐了，是不是賺很多錢發財了？？妳是不是要買比佛利山莊了？？」（丹天師說明：這是面對面的聊天）

　　真的感恩她當初給我的靈感，我完全準備好應戰，於是我回答：「是可以搭個UBER，但還遠遠買不起房子。」

　　她又繼續問：「那妳現在年收多少了啊？」

　　我還是感恩她提供的答錄機靈感，我繼續repeat：「是可

丹妮婊姐
麻口不辣心　人際說話術

以搭個UBER，但還遠遠買不起房子。」（邏輯上來說，她才是發財的人吧！！）

　　她就沒有再繼續追問了。

　　這真的是面對被白目探問隱私，或是有任何不想回答的問題，最棒的應對方式了！先想好一個看似有回答但又沒有回答的答案（媽阿好繞口），然後，用答錄機的方式重複說同樣的話。而且不管是通訊軟體或是面對面，都能使用。

　　這方法不但不用當場把臉拉垮到地板、冷冷的跟對方說：「你問這問題很沒禮貌。」然後氣氛瞬間直達北極。即使是面對面的狀況，也可以展現出自己優雅的風度。

　　再次感恩那位1400萬大亨給我的靈感。

丹天師一秒重點速記
Hashtag

\# 如果重複兩次還繼續問的話

\# 表示對方真的超級白目

\# 直接微笑不說話吧

丹妮婊姐
麻口不辣心 人際說話術

3-5

總是被長輩唸結婚的事，
要怎麼一句話堵住他們的嘴？

我今年36歲，有固定男友，
但沒有結婚衝動。
我爸媽已經唸結婚這件事唸到放棄了，
但身邊其他長輩親友還沒放棄，
每次見面必定問：「什麼時候要結婚？」
他們問不煩我都煩了，
想請問婊姐要怎麼回應才會不失禮，
又能讓對方打住呢？

到底誰發明「30歲一定要結婚」這件事的？他造成地球上多少人的痛苦，那人應該被抓出來受到法律嚴厲制裁才對，把他跟那些殺人魔關在一起！！

我朋友鳳姐因為舉家搬家，鳳姐媽媽睽違三年才去一家原本常光顧的美容院，但她媽一回到家就對鳳姐大吼：「老闆娘問妳結婚了沒？！」

我甚至連坐個計程車，司機問了我幾歲，結婚了嗎？他一聽到「32，沒結婚」，下一句就是：「蛤？都32了，再不嫁就沒人要了耶～～」

要是這裡沒有法治的國家，我理想狀態是像電影《黑色追緝令》裡面的山謬傑克森，拿著槍指著對方說：「混帳，你再給老子說一次！」（原文比較精彩，是you motherfucker, say one more god damn time!）

喔，但不幸的我生在法治國家哈哈哈哈。

這種叫人結婚的碎念，有分兩種……應該是說很多種碎碎

丹妮婊姐
麻口不辣心　人際說話術

念，大致上都可以分成這兩種啦，就是「真的操心」跟「真的沒良心」。

　　「真的操心」通常會是你爸媽之類的血親，以看到孩子結婚生子為她人生目標清單billboard中的第一名，但是否要為了爸媽催婚而結婚不是本篇要討論的重點。

　　這篇是針對「真的沒良心」的人該怎回答？說白了，對方就是想看你難堪，看你囧就會很開心，不要反問我為什麼有人會這樣開心？我不知道，不然我給你那計程車司機電話你打去問他好了。

　　面對這種人，有兩種應對方式。

第一種：叫作「真實案例閉嘴法」

　　我有一個朋友，他55歲，小孩已經高中了，他跟我說他大學同班同學中，只剩下他跟一個同學沒離婚，其他都離婚了哈哈哈哈哈哈哈哈哈哈哈哈！

這故事是真的，我完全沒有唬爛。那今天你買了我的書，大家就是一家親，婊姐朋友也是你朋友，所以歡迎各位把這個故事拿去用。如果被開玩笑說怎麼沒結婚？你就直接原封不動說：「欸～我有一個朋友，他55歲，小孩已經高中了，但他跟我說他班上只剩下他跟一個同學沒離婚，其他都離婚了捏！」

但注意！請勿說有一個「丹妮婊姐」說他朋友55歲巴啦巴啦……不用！！！！！請直接就說你朋友！！那人叫路易斯，是真的，萬一你被問是哪個朋友，你就說「路易斯！！！」哈哈哈哈哈哈。

當然，真實案例還有很多，我還真的有朋友，小孩不到1歲就離婚了啊，所以我當時是真的回應那計程車司機，我朋友55歲幾乎全班離婚那答案，他就有點接不下去了哈哈哈。

第二種：「用幽默化解」

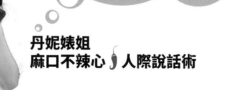

丹妮婊姐
麻口不辣心 人際說話術

畢竟我都去TED演講過了，當時演講主題是「如何用幽默改變跟串連社會」，喔對，我在這裡寫出來就是拿出來DAN（臭屁）用的哈哈哈哈哈哈。好啦我意思是，幽默是一個很好面對問題的態度。

　　舉例來說，被問到：「你怎麼還不結婚啊？」

　　你可以回答：「啊就沒錢啊，那結婚的話你要包多少給我，1百萬嗎？」

　　或是：「唉啊，現在離婚率這麼高，萬一我離婚你負責嗎？你要包多少幫我慶祝？」

　　也可以說：「吼～結婚很麻煩欸，還是我婚禮全部交給你幫我辦啦？拜託你了！」

　　不然這樣說：「喔，好的，那我去問一下蘇志燮怎麼還不娶我？」

　　你如果是男的就說：「喔，好的，那我去問一下宋慧喬何時要離婚嫁給我？」（幹結果出書的這刻還真的離了）

這種幽默類型的回答，都要配合調侃的口氣。

面對這種惡意的發言，你的心境就要像是「低頭看兒童」，因為兒童就常常會問一些令人很莫名的問題，但大人都不會去計較，就因為他們是兒童啊！！！像很多兒童會問為什麼會下雨啊？大人就會回答：「那是天公北在尿尿啦！」是不是就很幽默！

所以面對這種惡意的問候，我就想像對方是兒童，就用幽默隨便回回就好啦！啊因為對方是成人了，身高不會差太多，就心裡想像搬一個板凳，站上去，用心境低頭看他哈哈哈哈哈哈哈哈哈哈，這樣才能把對方當作兒童。

啊，還有一種是「沒話題找話題聊」的狀況，這種人無法被歸類到「真的關心你」或「真的是要挖苦你」，像我本身是聊天機器，我真的可以開啟各種不同的話題，也因此從來沒問過朋友何時要結婚這種蠢問題，所以如果是遇到這種人的話，也是可以用一樣的方法應對他囉！

丹妮婊姐
麻口不辣心　人際說話術

丹天師一秒重點速記
Hashtag

\# 離婚率真的每年都創新高

\# 辦婚禮很簡單但結婚後的相處才難

\# 沒幽默感的表弟妹就用路易斯的故事吧

3-6

遇到不知好歹的人
要怎麼回話？

我有個愛斤斤計較的朋友，
每次花錢要均分時都會分得非常清楚，
只有他可以占人便宜，別人無法占他一分，
這種個性雖然討厭，
但因為是朋友也就睜隻眼閉隻眼。
但某天他居然跟我抱怨，
說覺得我有點愛計較……
聽了真的很無奈又一肚子火！
遇到這種狀況應該要怎麼回啊？
不知好歹的人真的很多！婊姐救救我～

不知好歹的人，真的是我們正常人生命中的悲歌。

有一次有個工作上的人，代號就叫做3分，因為他長相就真的只能得3分，而且滿分不是100分，是3000分。說到這位3分，我在此先感恩他在我人生中悲歌專輯中演唱了很多首，導致我本篇靈感來自於他。

3分曾經跟我說，他很希望他公司下屬能夠吃果子拜樹頭，感恩他提拔之恩。

一聽到他說了這句話，我真的是需要坐上哈利波特的那隻掃帚光輪2000，飛去青康藏高原中間大笑一場。

因為這人，我曾經為了他做過一件蠢事。有次有一份我不是很想接的工作，我當時原本已經推掉了，但因為我接了，他才能有錢一起賺，所以一聽到他說：「欸，妳也讓我賺點外快吧，我媽媽最近做生意賠很多錢～」於是我義不容辭為他接下，但我也沒有要他感恩或報答我，我個人不追求拜樹頭，我只追求何時能嫁給蘇志燮。

丹妮婊姐
麻口不辣心 人際說話術

但這位3分吃了果子不但沒拜樹頭，還燒樹咧哈哈哈哈哈哈哈哈哈，把樹砍了再燒光光！！！真的要送他一副對聯：「忘恩負義，反咬一口」，橫批：「我是王八。」

　　後來那一次為他下海填補他母債的工作，完全就是森林大火之旅。照理說對待樹頭，是不用拍我馬屁，但至少態度正常就好，沒有，他完全情緒龍捲風！

　　舉例來說，他竟然可以為了一件很小的事情，例如我跟別的工作人員先喝了飲料，他就在大庭廣眾之下，對我浩克嗓門般的破口大罵，真的是響徹雲霄的破口大罵！連在冥王星睡覺的人都會被嚇醒，他生氣的原因是：「沒等他一起喝！」

　　又或是拍攝結束後，我招呼工作人員快一起來吃飯，當時在拍攝的地點還有餐廳老闆坐在旁邊（也就是說有外人在），我對3分說：「欸，你快來先吃啦，東西都冷了！等下再收。」

3分一臉冷淡的回我：「你們先吃。」

我還他媽的天真反問：「你不喜歡吃咖哩飯嗎？」

這時，3分臉更臭的說：「我最喜歡吃咖哩飯了，但是我現在，不、想、吃！」

OK，蝙蝠俠急凍人，巨星只好一秒以綜藝主持人拯救氣氛的方式，轉頭跟餐廳老闆高亢social：「唉啊，老闆～你說你老家在哪？怎麼跑這麼遠來開店啦～～」

他這種情緒龍捲風的狀況多到，我真的曾經一秒懷疑我是否害她媽媽慘賠，只是我忘記了……

這位3分還有更大的燒森林行為，是我們那項工作之中，需要預定一個日本當地的服務，他跟台灣這邊的公司敲定的時候是3萬，3萬日幣，結果我們到了現場，發現原來～～～～～不是3萬日幣，是3萬台幣喔！！哈，他搞錯幣值了！！哈哈哈哈哈哈哈哈，我們差旅製作費也不過就3萬台

丹妮婊姐
麻口不辣心 人際說話術

幣，哇，1秒花光，接下來行程都不用吃啦，直接喝日本產的西北風就好哈哈哈哈哈哈！

　　結果他最後在結算費用的時候，把這筆因為他的疏失造成的額外開銷，大大方方的連我一起當分母除下去，我就跟他一起賠錢呢！這真的是我這輩子當過最窩囊的一次分母！誰再跟我說去錢櫃不唱歌當分母我就要反問：「請問你朋友有欠你人情嗎？請問你朋友有欠你人情還對你態度超爛嗎？請問你朋友有欠你人情沒有感恩你還態度很爛and還把他自己該賠的錢連你一起除下去當分母嗎？！」

　　這是我生命的悲歌，當時我內心真的受創不淺還因此消瘦一圈。在此奉勸不要隨便惹作家，你們幹的王八烏龜事我們都能拿來當靈感，公諸於世哈哈哈哈哈哈哈哈！

　　故事回到開頭，所以當他大言不慚的跟我宣布，他希望下屬能拜他樹頭的時候，我能不去草原大笑一輪嗎？

這種人你們生命當中一定都有遇過，但主題不一定是拜樹頭啦，類別就是遇到「不知好歹的人」，滿多人遇到這樣的人應該會生氣，但真的是不用生氣，**可以把這種狀況歸類為兩種方向，第一種是，不管任何狀況，就是以「我人生中還沒遇過＋他正在不知好歹的情境」之句型來應對。**

　　依照我聽到他說拜樹頭那句話的狀況，妳就可以回：「我人生中還沒遇過<u>會拜樹頭的人</u>耶，所以我沒抱希望，但如果有我會很感激囉。」（如果面對面的話，眼睛就深情盯著對方）

　　此時如果他很不要臉的說：「我啊我啊！」

　　你就可以一臉為難的說：「喔，這……喔喔。」（句點）

　　這樣回答也不會撕破臉，但也沒說什麼傷人的話。這可以套用到任何狀況，萬一你遇到的是小氣之人……媽的我人生悲歌真多。我遇過一個小氣摳阿巴，小氣奧運金牌得主，我連請他兩頓飯之後（還是餐廳），看電影他有買一送一的

丹妮婊姐
麻口不辣心 人際說話術

信用卡可以刷，還跟老娘收一半的錢！然後有一天他跟我抱怨他朋友有多小氣，一聽，還好啊，連小氣奧運的銅牌都沒有。

這種狀況也可以套用此句型，你可以回他：「我人生中還沒遇過<u>大方的人</u>欸，所以我沒抱希望，如果能遇到的話就太棒了。」

這樣回「我人生中還沒遇過＋<u>他正在不知好歹的情境</u>」之句型，意思是，暗指對方你也不是那種（會拜樹頭）人啊。

但坦白說，我不能保證對方聽到這句話會有自覺，媽的，像我寫書，書中案例雖說都是真實的，但也是覺得被事主看到很麻煩，所以我有點怕。我朋友鳳姐說：「不是吧，最怕的是他們看到還完全不覺得你在寫他們，結果還相當認同你說的。」

哈哈哈哈哈哈哈哈哈哈，對！！！！！我根本白擔心啊！！！

另一種應對方式是——「送他一頂大帽子」。因為既然他會評斷那樣的事情不對，表示他認為自己有以身作則，所以就是認同他！！

　　以我當時那案例來看，就可以對那3分說：「真的，你說的對，想必你是會拜樹頭之人！！那你要怎拜我啊？」

　　就是趁機逼他以身作則！但我還是老話一句，我不能保證對方會有自覺哈哈哈哈哈哈哈哈！因為這件事情發生的當下，這題說話藝術我沒通過考驗，就是印象實在太深刻才會寫進來。所以我猜想要是我當時回問：「你要怎拜我的話？」根據我的推測，這些不知好歹的人臉皮跟腳皮都傻傻分不清楚、有得拚的厚，我猜他會回：「我沒拜妳嗎？」

　　此時一樣，就可以丹為難大師又出場：「蛤有嗎？⋯⋯這⋯⋯喔喔。」

　　或是你要很帶種的直接說：「喔對啊，你沒拜啊，還燒樹欸～」也是可以啦哈哈哈哈阿哈哈哈哈，一切端看當下心情，

丹妮婊姐
麻口不辣心　人際說話術

因為這種朋友其實也沒有一定要繼續來往啊！我的至理名言就是：「朋友再交就有。」（拍板）

　　除非你像我一樣衰鬼，對方是我生命的悲歌，我真的身不由己必須繼續往來，這種時候只能把種放到抽屜，繼續讓音響播放生命的悲歌～～～～～

丹天師一秒重點速記
Hashtag

\# 一樣是勸人慎選朋友的一篇
\# 用暗示的聽不懂就直接說吧
\# 朋友再交就有（請默唸 300 次）

3-7

對方丟給你挖洞式的二選一問題，如何解？

婊姐，我有個苦惱的問題⋯⋯
就是在工作上，
主管常常會問我很難回答的二選一題，
但我明明知道不管回答A或B，
他都會不滿意，
我應該怎麼應對才能解決這種困境呢？

以前我曾經遇過一個男生，他在有女朋友的狀況之下，對我進行了一系列撩妹行動，這裡沒有要探討男生這樣的心態或道德標準，反正這不是本篇重點。我要說的是，他有一天自信滿滿地對我說：「妳未來該不會愛上我吧？」

這題如果回答：「我才不會愛上你！！」很弱，弱歪，很像被乒乓球打到一樣，弱透。而且感覺對方聽了會更爽，然後下一句就會接：「沒關係啊，走著瞧～」（秒變調情）

但如果回答：「恩，對啊，我真的愛上你了。」也不對，我沒有要當小三啊！

所以這題怎麼回答都不對啊，想想有夠度爛！這種命題，真的很像是問你要被車撞死還是被狗咬死，我不管怎樣回答都會死！

當時我身邊剛好有一位姐姐，我就當場問她：「這是要回什麼？」那姐姐說：「你就反問他，愛上你有什麼好處嗎？」我照辦。對方想了一下回：「恩，好像沒有什麼好

丹妮婊姐
麻口不辣心 人際說話術

處。」

哈哈哈哈哈哈！！感恩這位姐姐教我的反問！！！！

對啊，靠，愛上他我到底有什麼好處啊？連我都忍不住幫他思考了。

在此順便跳脫出來一個話題，我沒有要撻伐小三或劈腿這件事情，我不是道德魔人，道德的面向留給當事人自己去評斷就好。只是我仔細想想，如果很年輕時候的我，遇到這樣的事情，我不否認的確很有可能真的會落入這樣的陷阱，也就是沈船於這樣有女友的男人。

在我寫書的當下，我的一位女性好朋友就當了小三，然後成天患得患失，痛苦得要死。有一次週末，那男生跟女友去旅行，我這朋友內心的抑鬱真的可想而知。我想她應該是抱著柱子看月亮，對天空哭：「皇上～你去哪兒了～～～」

在此真的要好好宣揚韓劇，我就是因為看了很多韓劇，被歐巴震撼了我的宇宙觀，像前面敘述的，對方有女友了還

要撩妹，還自信滿滿的要我不要愛上他，好險我有看韓劇，靠，你以為你蘇志燮嗎？還是玄彬或車勝元？要我當小三你好歹也要是一個歐巴吧！！我那朋友就是韓劇看不夠，才會沉船、委屈自我，當凡人男子的小三。

總之，從此我了解到，**面對無法回答的危險問題，就是反問！！這是棒球！不是乒乓球**。沒有一定要回答的啊，眼前只有兩條路，但誰說一定要上路，我就偏偏要倒車啊！怎樣，哈哈哈。

正經一點的例子，就像我朋友被老闆問：「欸，今年國外參展辦得更盛大，我們要不要參加啊？」

這問題就是怎樣回答都很可能保送洞，不用跳，直接保送進去。

因為回答「要」，結果參展成績很差，就是保送洞。但如果回答「不要」，結果看到競爭對手都去參展，大張旗鼓在

丹妮婊姐
麻口不辣心　人際說話術

粉絲團或官網宣傳有多熱鬧、多成功、多盛大，老闆一個眼紅，喔那我朋友就是保送棺材了。怎麼回答都是死，差別在於怎麼死而已！！

　　所以我朋友很聰明的不回答二選一的答案，而是跟老闆分析「參展跟不參展的利弊」之後，然後反問老闆：「看你參展的目的是什麼？」

　　結果老闆就自己深思了。就是這樣！！！

　　只要遇到橫豎都是洞的問題，最好的回答就是反問一個問題。幹嘛要回答啊？！最好還是開放式的問題，因為這更能讓挖洞的人自己去好好思考，雖然有時候挖洞的人也不是真心要挖，但誰理你，這是一個明哲保身為上策的世界，雖然沒有要你亡，但我不能死啊！！

丹天師一秒重點速記
Hashtag

\#　都出社會了不需要回答選擇題

\#　想辦法反問或是變成申論題才厲害

\#　明知山有虎就趕快下山吧

丹妮婊姐
麻口不辣心 人際說話術

3-8

朋友總愛批評我的男友

我有個閨蜜總是喜歡批評我的男友，
她說是因為她覺得我值得更好的男人，
但我並沒有想跟男友分手啊！
一開始聽覺得朋友很挺我，
但聽久了覺得很反感。
想請問婊姐，
朋友會這樣做的心態是什麼？
我應該怎麼叫朋友停止批評我男友呢？

通常朋友會開始批評你的另一半，都是當事者本人把另一半螢幕形象塑造成那樣，例如：「他都跟公司女生一直傳訊息！」或是「她跟前男友還會講電話」諸如此類的負面印象，身為朋友才會開始炮轟，不然誰沒事喜歡炮轟你另一半啊？我跟你另一半根本不熟啊！

就像穆斯林一定也是有新年免費煮飯給街友吃的暖人，但新聞沒說啊，新聞只說他們今天又炸死幾個人，所以穆斯林螢幕形象就被塑造成恐怖分子代言人。

但如果你今天啥都沒講，你朋友就劈頭說：「欸你男／女友工作賺好少～～」或是「你曖昧對象長那樣喔？」（露出嫌惡貌）

那錯也不是在朋友，是你本人交友品味很令人擔憂哈哈。

所以這題該怎辦？

喔，我至理名言是，人生在世很多事情不能選擇，爸媽不能選，有時候老闆主管也不太能選，因為我們必須為米折

丹妮婊姐
麻口不辣心 人際說話術

360度的腰。反正，太多事情不能選了！但朋友是你生在地球上，少數幾樣最能選擇的好嗎？有選擇權的時候就是要好好利用啊！

如果今天不是豬朋狗友的問題，那就是因為你是一位失敗的公關發言人，才導致你朋友厭惡你的曖昧對象或是另一半，那你只能再次站上舞台，發言人需要出面澄清。因為總不可能叫主角親自上火線澄清啊哈哈哈，你曖昧對象肯定會已讀不回，另一半絕對立馬分手啊哈哈哈哈哈。

總之就是要「慢慢洗白」。

基本上正常人不太會一秒討厭朋友的另一半，因為關我們屁事啊，除非他欠我錢死不還啦。這一定是你日積月累講人家壞話，才導致你朋友討厭他，你只能從現在開始閉嘴，停止抱怨另一半，然後開始做一個只講對方優點的公關發言人。例如他只是買個便當給你，也要拿出來誇獎哈哈哈哈哈哈，一天一點，朋友聽久了也會開始扭轉印象。

如果你個性很急躁，那就是採用下一個方法——「直接召開說明記者會」。

　　這就是誠實為上策，大聲的說：「各位朋友抱歉，我雖然之前跟你們大量抱怨某某某，但其實我愛他愛得要死，我就是傳說中愛嫌又愛買的奧客，請各位原諒我，其實他也沒這麼糟糕，他還是有優點的（這裡看你要不要舉例），你們別討厭他。」

　　如果都講這樣了，你朋友還是討厭他，那就是代表你喜歡的人可能是劈腿又不出門找工作，還是殺人放火砍人之類的爛人，那就真的是不能怪旁人討厭他好嗎哈哈哈哈哈哈哈哈，那你只能再補一句：「我就是愛上爛人！」

丹妮婊姐
麻口不辣心 人際說話術

丹天師一秒重點速記
Hashtag

\# 如果朋友討厭另一半是有目的

\# 讓你們分手好讓自己上位

\# 那真的是自己交友眼光要重新訓練

3-9

朋友的某些行為不恰當，
我該提醒他嗎？

我有一個關係不錯的朋友，
最近因為他做了一些不太好的事情，
我基於朋友的立場沒有跟著罵他，
還給了他建議，但批評他的言語越來越多，
於是他開始咄咄逼人地問我：
「他是不是真的這麼糟？」
這種情況下我該怎麼回答？

這是一個很經典的情境，也就是——好朋友的某些行為讓人看不下去，但還跑來問自己，那到底要不要提醒他？又該怎麼說？

這題我真的是感同身受，我經常性地遇到這種人，欸怎麼講一講覺得我命格很爛……這種跑來問的，也就只有兩種人格：一、能聽話改進的，二、沒有要聽話也沒有要改進的。

這兩類的比例大概是1：9哈哈哈哈哈哈哈哈，所以這篇文章是要針對你遇到那個9該怎麼回？如果是遇到1就完全不用討論，直接切八段。如果是遇到能聽話改進的，那唯一答案就是好好跟他說實話，然後他反省後改進。

像有一次我的中醫師聽完我的愛情煩惱後，我當時在跟他抱怨一個男生，沒想到中醫聽完對我說：「這次是妳的錯啊，而且我不得不說妳談戀愛智商很低，約莫小學程度。」

我聽完也完全沒生氣，只是吼他：「吼～好歹有國中好嗎？好啦那我該怎麼長進？」

丹妮婊姐
麻口不辣心 人際說話術

但像我這種受教之人真的只占比1，如表妹問的，那些占比9的，我都稱之為：「愛喝農藥的人」，簡稱愛喝農藥。因為一聽見實話就要去喝農藥自殺。此時表妹要是回答：「喔，對啊，你就是人品不好。」他朋友肯定立馬農藥咕嚕咕嚕。

　　但因為我遇到的案例太特殊，特殊又神聖到我怎樣都無法修改故事，所以這次只好借朋友的故事來舉例，而且還是我這本書編輯的故事哈哈哈哈哈哈哈哈。

　　編輯小姐有一個朋友叫阿瘦，阿瘦就是典型做人失敗，跟表妹來信的案例一樣，某天阿瘦很沮喪的跟編輯小姐抱怨，她被朋友說她做人做事哪裡需要改進，講完之後編輯小姐想說：「喔妳朋友說的完全沒錯啊！」

　　但其實以前編輯小姐也提點過阿瘦同樣的問題，只是阿瘦一聽到實話後，要馬就火大，要馬就拚命反駁，所以編輯小姐當然就住口，此後都不再好心提醒阿瘦了。但偏偏這阿

瘦又很沮喪，沮喪到懷疑人生、懷疑自己，最後就撂下一句話：「好啦，那我都不要交朋友好了，這樣會給人家帶來困擾。」

好，這就是這類人的所有狀況。

狀況一：**愛喝農藥＋拋出問句**。如同表妹朋友說：「所以你也覺得我的人品不好囉？」

狀況二：**愛喝農藥＋拋出討拍**。如同阿瘦說：「好啦，那我都不要交朋友好了，這樣會給人家帶來困擾。」

遇到狀況一的，拋出這種問題統稱「北韓式問句」，因為只能有一個答案，因為到底誰會回答：「喔對啊，我也這麼覺得。」

×的，這根本就是要逼我們回答：「不，我不覺得你人品不好。」

丹妮婊姐
麻口不辣心 人際說話術

如果你靈魂夠廉價，如同我一樣哈哈哈哈哈，當然是可以這樣回答，因為我一直以來覺得「說出對方想聽的答案」，是在積陰德，就讓他開心啊我實在沒差。

但萬一你靈魂不廉價，又沒辦法說實話讓對方當場喝農藥＋跳樓的說：「你朋友說的真對，你人品真的很差啊。」

通常這種問題，一定是會扯到負面評論，例如：「你也覺得我很小氣？」、「你覺得我個性很糟糕嗎？」這類問題。

一切的一切，不管問題的型態，就是交給一句話來解決：

「我沒有那麼偉大，可以評論別人的＿＿＿＿。」

（這題說話藝術的解答來自友人鳳姐，感恩）

遇到狀況二，很明顯討拍的，我一直很喜歡一種方法叫：「順著對方的話說。」

當阿瘦說：「好啦，那我都不要交朋友好了，這樣會給人家帶來困擾。」

順著他的話就是：「喔喔，好吧，尊重你的決定，那你要跟我絕交嗎？」

　　哈哈哈哈哈哈哈哈哈哈哈哈哈哈哈哈，就順著他的話啊，各種順！！水上溜滑梯那樣的順。但我只能給你大方向，因為這些生來要滅亡我們正常人的人，問題會有千奇百種，在此誠心祝福各位能夠融會貫通。

　　最後，寫完這篇真的是要檢視一下自己的交友狀況，突然覺得自己交朋友品味很爛，而且寫個書還要東改西改，怕被當事人對號入座，人生好累。

丹妮婊姐
麻口不辣心 ❤ 人際說話術

丹天師一秒重點速記
Hashtag

\# 這種人安慰無效

\# 因為他還是不會改進啊

\# 問題只會周而復始

\# 所以直接灌他農藥好了

Part 4

老天兒～
怎麼又是這種人？

生活中最常碰到的說話困擾

4-1

道歉的美學

親愛的婊姐，最近我和好姐妹吵架了，

原因是因為我不小心弄髒了她很珍惜的包包，

但我覺得不是大不了的事情，

所以當下沒有道歉，

結果朋友就跟我冷戰到現在。

其實我滿後悔的……

現在我應該怎麼道歉才能表達我的誠意呢？

我無意間讀了一本正規專業教談判的書，才知道原來我這人道歉的方法滿正確的，也因此才有辦法給這位表妹一點建議。

那本書叫作《FBI談判協商術》，裡面有一個篇章寫到：「要用恭敬但不害怕的態度引導負面互動。」有點饒舌。那我就舉一個我個人的故事來講解。這次不是強者我朋友了，我本人親自出征。

有一次我和大美人Ivy Chao去旅行，因緣際會認識了一個男生，就叫他馬成。歐普拉旅行當中認識新朋友是再正常不過。總之那天玩到一半，我身體不太舒服就懶得跟朋友和馬成去景點，想待在原地休息放空，於是Ivy把包包留給我幫忙顧，而馬成的車鑰匙也放在那包包裡。那是一個完全沒有人在路上走的夜晚，連貓跟狗都沒有。但，我真的只是一個轉頭，就三秒，我不能看一下風景嗎！！！！我有顧啊！！！只是看一下風景有錯嗎？

丹妮婊姐
麻口不辣心　人際說話術

我操你媽的，包包不見了，真的不見了，是鬼偷的嗎？還是忍者亂太郎裡面的忍者偷的？根本沒有人啊！真的是一個轉頭、再回頭，包包就、不、見、了！！請問是綜藝節目整人遊戲嗎？

　　我真的是大難臨頭，我犯下了滔天大罪，車鑰匙跟包包都不見了！！！而且那還不是一台破車哈哈哈哈哈哈……包包裡面還有Ivy的護照、錢包、鑰匙，我真的覺得我乾脆自己收押自己，我自己上銬走去坐牢好了，我完全能想像得到馬成會怎樣把我砍死。但沒辦法，我是一個敢做敢當負責任的女人，我不是某星座男生！（不要問，自己猜）

　　跟馬成和Ivy講完事情原委之後（約莫是說忍者出現偷走了包包，對啦，我還想偷搞笑但一點都不好笑），馬成應該是有噱了我幾句，但因為人處於過度震驚的時候，我也聽不進英文。反正不管他說什麼，我想他內心應該浮現了一萬種殺死我的方法，有夠慷慨。但我接著秒用冷靜跟不卑不亢

的態度，雙眼誠懇看著馬成對他說：「我很抱歉我搞丟了，（我英文用apologize這個字，比sorry正式跟嚴重很多），我是一個王八蛋（我原文是用son of the bitch或motherfucker這類很嚴重的字眼），我會負責找回來的。」

我以為他更要開始臭罵我一頓，沒想到他聽完我誠懇的道歉，反而很冷靜的對我說：「現在道歉不是重點，我們想辦法解決問題才是最重要的。」

後來我讀到《FBI談判協商術》的這段話——**「要用恭敬但不害怕的態度引導負面互動。」**

這句實在太文言文了，我就用剛剛的例子把這段話翻譯一下。我這次搞丟人家東西的經驗對應到這句話，才恍然大悟，原來這種「雙手一攤再配合鞠躬，我就是王八蛋」的道歉方法，居然是一種很理想的道歉方式。但重點是，請不要漏掉鞠躬的心！如果只有雙手一攤，那就真的是貨真價實王八蛋，重點是要誠懇！

丹妮婊姐
麻口不辣心 人際說話術

FBI這本書的作者，有一次闖了滔天大禍，他打給主管的開場白是：「神父，我有罪，請原諒我。」哈哈哈哈哈哈哈怎麼滿幽默的。總之，要為自己犯下的爛錯誤道歉的時候，最好方法就是——

　　第一步，恭敬的，內心單腳下跪的，承認自己錯了。

　　而更加有效的方法，就是再加上道歉，然後理解對方肯定會很生氣。

　　最後致命一擊就是……把自己罵得一文不值！！！王八蛋這三個字真的是寶典啦哈哈哈哈哈。

　　全文句型可以是：「對，我是王八蛋／我是王八烏龜。」諸如此類的一文不值，通常對方大生氣的可能性就會大幅降低，因為你都拿槍把自己掃射一輪了，他還要掃射什麼啦？！

　　不過這篇還是獻給負責任的人，因為不負責任的人是橫豎都不會道歉的。

～ 題外話 ～

　　由於這故事的男主角是一個老外，我跟他説：「欸我要把你寫進我的書，而被我寫進書裡面「正向故事」的人，都有資格決定自己的藝名，請問你想叫什麼？」（丹天師說明：因為女作家很愛靠文章報仇，總不可能寫壞話還要問那人欸欸欸你想被叫什麼？）

　　他回我：「Big Dick Dave？」

　　喔好當我沒問，滾！！！！！

丹天師一秒重點速記
Hashtag

\# 做錯事就要誠心道歉
\# 不管能不能挽救
\# 拿出真心道歉就對了

丹妮婊姐
麻口不辣心🌶人際說話術

4-2

怎麼安慰才能真的發揮效果？

婊姐，我有個困擾，
就是常被朋友説我説話很白目，
因為當朋友需要被安慰的時候，
我偏偏就會説出不中聽的話。
雖然我覺得是對好朋友有建設性的實話，
但似乎對朋友當下來説，
會讓他們不開心……所以……該怎麼安慰人啊？

這一篇我先直說，這題我不覺得算實用題，現在是一個冷漠的社會，現在真正會聽人說話的人已經非常之少，大多數人成天只想講自己的事情，要不然就是只聽你講一半，然後就開始帶到自己的話題，沒有要聽你講完，或是根本沒認真在聽。

這篇的前提是如果你想成為一個更好的人再看，不然其實不會安慰人，對你的人生應該也不會有什麼困擾啦，因為我遇過的絕大部分人類，都不會安慰人，而且即使我有這項技能，也從沒覺得我人生有什麼特殊的好處哈哈哈哈哈哈哈。

有一次我朋友M在群組闡述她失戀的事情，由於那時候我也失戀，於是我們就在群組聊起失戀的心路歷程。聊到一半，群組裡某個女性朋友L冒出來，語氣不耐煩的說：「妳們一個個都帶情傷，到底有什麼好難過的？再找下一個就好了啊。」

丹妮婊姐
麻口不辣心 人際說話術

這段話完全展現安慰失敗的經典哈哈哈！完美示範棒打落水狗。

在這裡順便奉勸做人真的要謙卑，因為一年後，換這位朋友L踢到鐵板，失戀了，我原封不動把她的話，一字不漏，送還給她，但我真的不是要報仇的意思。不過我要先護航，其實講這種話的人，真的不是壞人！鞋子請穿好，先別急著丟！

其實他們也是有想要安慰人的意思，她說的那句話說實在也沒錯，有些失戀的人的確找下一個就會好，但這就是說話藝術的問題，不然紅白塑膠袋也是能裝東西啊，幹嘛要買一咖這麼貴的香奈兒，還不就是為了活得更好！所以我說這一個主題「如何優秀的安慰人」，只是給想要成為更好的你。

要安慰人的第一個重點：專心聽對方講話

這條件的基本程度就如同一隻手機要能打能接。如果你真

的不想聽人說話又想安慰對方，那就比照射手男——他們安慰人的方式就是拚命約傷心之人出去玩！

　　如果你不認真聽對方陳述，是怎開藥啦！一個病人走進診間都不讓他講話，就說：「喔你尿道炎，去驗尿。」哈哈這不是很荒唐嗎？那麼專心聽人講話的重點在於：要知道對方的立場傾向哪邊，然後盡所能站在同一邊幫他思考。

　　例如，有次我一個好朋友痛失親人，我開場講一句而已，他便回：「人生嘛～反正大家早晚都會變成鬼，早晚而已。」所以這很明確，他需要的是個人空間來療傷。至於其他非生離死別的情況，除了盡量是站在跟他同一邊幫他思考，還需要搭配提問，如：「那你想離婚嗎？」、「你想分手嗎？」、「你心情如何？」接下來，也沒個準則，其實只要站過去了，自然而然就知道要說什麼了。你可以自己想像，如果角色對調，這時候的你聽到了什麼話，心情會比較好？

丹妮婊姐
麻口不辣心　人際說話術

外掛式安慰法：痛苦是可以被比較的

最簡單來說，有一次我投資失敗，虧20萬，這數目對我來說很多！！所以我當然滿傷心的，正在為自己舉辦喪禮的時候，結果在場的投資專家說，他客人虧3千萬。我就，1秒好多了哈哈哈哈哈哈哈哈哈。

這方法最重要的守則就是──找同類型更慘更痛苦的案例出來！

因為我剛使用這方法的時候，有時候沒有找同類型的，例如對方失戀，我居然說：「敘利亞的人比你更苦。」但因為戰亂這件事情離當事者太遠，因此達不到比較的效果，對方只會想說，關我屁事。所以一定要找同類型的痛苦案例才能讓苦主有感受喔。

話說，我朋友的朋友，老公在外面跟小三生小孩，這件事發生之後，我每次有感情煩惱需要朋友安慰的時候，朋友就都用這案例壓我XDDD

丹天師一秒重點速記
Hashtag

\# 先好好聽對方說話

\# 才能對症下藥好好安慰

\# 等負面情緒過了之後

\# 再給建設性的建議吧

丹妮婊姐
麻口不辣心 人際說話術

4-3

面對自尊心高、說不得的人，要如何溝通？

我們學校分組團隊裡面有個討厭的人，

每次分配工作給他，

他很少按時完成，

甚至有時候還忘記做，

變成我們其他人要幫忙分擔。

他每次都有藉口，跟他反應還會不爽，

真的不知道要怎麼跟他溝通，

很想請他離開這個團隊……

婊姐，請幫幫我！

說到講不得的人，老天真沒虧待我，還真是交手過好幾個。我家裡有一個成員，煩欸她是不會看我的書啦，但她朋友會看。我妹的朋友看到這段全部都給我閉嘴不准跟她講！誰敢走漏消息我就……就……還是謝謝你買我的書哈哈哈哈哈哈哈。

試試看「哀兵策略＋裝可愛」的說話法吧！

我跟我妹就是生活習慣不同，我對於廁所的要求就是要很乾淨，地上一根頭髮、一滴水滴都不能有，那她就是狂野的廁所使用者，所以每次她用完廁所，地上都會是頭髮跟很多水，我就是成天當廁所打掃阿姨，只要她用完一次，我真的就是直接跪在地上撿頭髮跟擦水。

有天我實在受不了了，於是跟我妹說：「欸，妳用完廁所都很髒，可以保持乾淨一點嗎？」

她也非常非常不爽的回我：「怎樣髒？我是有尿歪尿到地

丹妮婊姐
麻口不辣心 人際說話術

上嗎？」

靠，這一秒KO我，因為她也真的是沒尿到地上去啦，但如果再這樣講下去，就是無聊的姐妹互抓頭髮吵架⋯⋯我也老了，吵不動了，所以我就沒再回話，就繼續我廁所打掃阿姨的日子。

膝蓋跪著跪著，有天覺得，媽的，萬一她此生沒嫁掉（喔嫁的不會是我，因為我沒結婚慾望啦哈哈哈），難不成巨星我本人要幫她撿一輩子頭髮？！也太窩囊了吧！但她又是一個講不得的人，所以我思考了一下說話策略。

嗯，「哀兵策略／裝可愛／裝貼心」的說話策略，絕對是最好的方法。

但我這次是用通訊軟體打字，我說：「欸妹啊～今天老姐又跪在地上撿妳茂密的頭髮了，我一個老女人妳也知道我膝蓋不好有舊傷，下次拜託多注意一下下頭髮喔～～～～～」

（還配上兔子親吻之類的貼圖）

這次她真的就沒不爽了，倒是很爽快地答應說：「喔喔，好喔，我下次會注意啦。」

　　奏效了！！反正對付這種人就是各種哀哀哀哀，五子哭墓那樣的哀都可以，其實更簡單的動詞就是，一個字，「狗」。哈哈哈哈哈哈說穿就是狗啊。但為了達成目的，狗一下又沒啥損失，人生就是喇叭啊。但為何我上面有提到裝貼心？喔，因為還會有另一種狀況，例如對方是講不得的人，但他嚴重拖到工作進度，必須要反應，那該怎麼跟對方溝通？

貼心提醒的說話方式，可避免衝突

　　我工作上就遇過一個這樣的人，我懶得想代號，就是直接叫他王八烏龜。

　　媽的，他明明很閒，但東西卻可以永遠拖拉，我分不清楚到底是他東西要先交出來比較難，還是我妹要嫁人比較

丹妮婊姐
麻口不辣心　人際說話術

難。而且這人講不得的程度，不是我妹那種等級，是病入膏肓的講不得。所以我就裝貼心的問他：「欸你忙得過來嗎～～～～要不要幫忙你什麼？忙不過來要說喔～～～」（再配上裝可愛貼圖）

用這樣的口吻，他的確都沒有跟我起過衝突。但內心話當然是拜託不要丟東西給我做啊哈哈哈哈哈哈。所以這如果是用在工作上的事情就要小心使用，因為這位王八烏龜的工作內容是我真的完全無法負責的，我才能這樣說。如果對方是真的會把東西丟出來給你做的，你就五子哭墓，用哀兵策略吧，例如說：「你再不交天真的會塌，地板真的會垮，世界真的會毀，我的屍體真的會直接進靈骨塔！」諸如此類的。

雖說王八烏龜都沒有跟我起過衝突，但媽的他還真的是永遠也沒在準時交哈哈哈哈哈哈哈哈哈，所以「裝可愛裝貼心說話法」不代表能成功達到目的喔，只能起到「提醒對方＋保證避免衝突」而已，因為我本身很懶得吵架，所以我個人會

選擇避免衝突的說話方式。

　　不過後來我實在也是受夠了，就是想把這王八蛋踢走，但綜合很多原因，怎可能直接叫他滾蛋，所以我也是一樣裝貼心的說：「欸，你是不是真的外務太多忙不過來啊？如果你真的做得很痛苦，也可以考慮不要勉強自己繼續做啦。我也不希望你過勞～～～」（但他真的超閒！！）

　　而且我不只講一次，我他媽的成天說！有天，他真的就自己和平地離開了。（轉圈，撒花，跳芭雷舞，手轉彩帶，再配一個迪士尼樂園晚上的煙火秀）

丹妮婊姐
麻口不辣心 人際說話術

丹天師一秒重點速記

Hashtag

\# 有人會覺得既是對方的錯，直接說就好

\# 但工作上多一個朋友就是少一個敵人

\# 如果能用說話藝術和平的解決

\# 就把刀刃兵器收起來吧

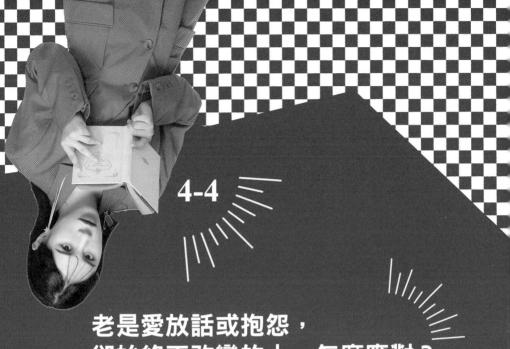

4-4

老是愛放話或抱怨，
卻始終不改變的人，怎麼應對？

我有個感情算不錯的同事，她人沒啥問題，
就是那張嘴似乎喜歡習慣性的抱怨，
常常會聽到她抱怨主管、某個同事、
某個客戶的做事方法，然後就會說如果是她來處理，
事情會更完美之類的話。
我曾經幾次認真的建議她，如果不喜歡這些人，
不如換個工作環境？但她也就笑笑沒說什麼。
接下來仍然是常常聽到她的抱怨……
遇到這種愛抱怨的人，婊姐妳會怎麼應對呢？

這樣的人很煩對吧？老是找你「放話」或「放話＋抱怨」，但怎麼孩子都生出來了，他還在講一樣的事情？（完全不誇張喔，這本書的編輯，朋友抱怨同一件事情7年，編輯孩子真的都生了，朋友還在抱怨同一件事）

這樣的人到底該怎樣應對呢？這狀況有兩個面向有點不太一樣，有人是純放話，但通常會是「放話＋抱怨」同一個組合，會是團體的面貌，嵐的概念哈哈哈哈。

但不管怎樣，面對這樣的人，最高準則就是——「大懶豬＋小婊子對話法」！

我遇過一個人，她雖然已經有男友，但還是熱愛到處約炮，又是一個體能可以參加奧運並且拿到金牌的人。但這不關我的事情啦，我不是道德魔人，再重申一次道德議題不是本書重點喔。只是更特殊的是，她還只專約東北亞人，完全哈日韓屌，她哈的程度，我真的懷疑她家有神秘小房間裡面供奉著一隻東北亞屌雕像，每天三炷香膜拜（我是認真的懷

丹妮婊姐
麻口不辣心 人際說話術

疑她有病）。

　　我知道你們一定要反問我，那為何她不乾脆跟日本人、韓國人交往就好，還要交台灣男友，幹，我要是什麼都知道，我龜在這寫書幹嘛，老子銷量又不是JK羅琳，我要創立宗教撈錢好嗎？

　　但約炮就約炮，真的不關我的事，只是她很愛三不五時跟我召開記者會，說她最近跟男友感情修復，要收山了；或是，她累了，要收山了；或是，她良心發現了，要收山了，但隔天又開始抱怨某一個炮友的事情……她的山收收開開的次數真的是7-11的門，不，根本是跨年信義區的7-11，門直接不關！！因為人潮太多哈哈哈哈哈哈哈哈。（希望你們懂）

　　我每次都跟友人鳳姐笑說，到底是鳳姐要嫁掉比較難？還是我交到正常男友比較難？還是我朋友那座山要收比較難？這根本死亡之組，巴西vs阿根廷vs葡萄牙，哈哈哈哈哈。

　　那什麼叫「大懶豬＋小婊子對話法」？

因為這種長期抱怨同件事情，但其實沒有要改變的人，你根本不需要花任何力氣跟他認真討論任何事情，直接使用「大懶豬回話法」＝他說什麼，你重複說就對了。

　　例如她說：「那炮友真的很過份欸，他居然今晚加班不願意見我。」

　　你就回：「真的很過份欸～～」（完全不需要思考，就大懶豬方式重複）

　　就慵懶回話就好啦！萬萬不要認真花心思幫他分析跟討論。

　　不過如果個性就是不願意這樣放過對方，媽的你有種放話，我每一筆都記著！所以可以根據心情調整回話模式。要是當天我心情剛好度爛，又剛好碰到她再度抱怨的時候，我還會多說一句：「啊，沒關係啦～～反正你都要收山了啊，所以沒差吧？」（婊她一下，小婊子的概念）

　　再婊一點就是真的做小本本正字記號，然後說：「欸，妳

丹妮婊姐
麻口不辣心　人際說話術

已經說了N次要收山欸。妳忘了嗎？」

　　感恩現在科技發達，對話記錄隨時能調閱，你就在對話框收尋「收山」二字，然後截每一段圖給對方哈哈哈哈哈哈哈哈哈哈，律師附上證據的概念，這就是小婊子的概念，妳浪費我生命那我就讓妳難看！

　　但我的案例比較爛啦，他媽的炮友的確沒啥好花心思討論。

　　比較正常的案例就例如，我的編輯遇到的是朋友一直抱怨工作，總是說要離職後出國去念書，但這些事情真的抱怨到我的編輯結婚、懷孕，連孩子都出生了，但他還在原來的工作，當然也沒出國念書。一開始身為朋友當然會好好幫對方分析跟給建議，但講到後來只要發現對方沒有要改變的那一秒，我們的認真諮商師身份就要立刻改變，變成美國電影裡面只會吃甜甜圈不辦案的胖警察，然後就是慵懶的回：「喔，對啊，你老闆真的好過份喔～～出國念書不賴

啦～～～～」（編輯內心話：但我孩子都生了，不要我孩子上大學你還沒去念啊！）

丹天師一秒重點速記
Hashtag

\# 有些人的抱怨不見得是抱怨而是
　 隱性炫耀

\# 如果是這樣那就成全對方

\# 說對方想聽的當作積陰德

丹妮婊姐
麻口不辣心 人際說話術

4-5

總是愛抱怨，
但抱怨的事情卻不合情理

最近我有個苦惱，弟弟跟我說，

他似乎喜歡上他好友的女友。

可能是因情敵心態作崇吧！

弟弟變得很常跟我抱怨他朋友的事情，

其實都是雞毛蒜皮的小事，

所以我覺得是因為你喜歡上人家女友，

才會看兄弟做什麼都不順眼吧！

但如果直接這樣跟弟弟說，一定又要大吵架……

我要怎麼回應比較好？

抱怨有分很多種類，這種真的是奇葩中的奇葩，舉例來說，幹，每次要舉例之前，都要再次禱告，我所有朋友拜託誰都不要讀我的書！！我高鐵自由座啦沒有對號入座這回事哈哈啊。

我有個朋友，就叫他，性愛成癮的人，我連他性別都不講。他已經結婚了，但瘋狂瘋狂瘋狂約炮，貨真價實的瘋狂，手上同時會有三到五條線，我真的覺得他沒在運動圈發展真的太可惜，這體能真的不管到哪種運動項目都會是奧運金牌台灣之光，被打炮耽誤的奧運金牌。至於在婚姻當中還瘋狂約炮，這不關我的事，我不去評論什麼，也不是本篇重點。因為我跟他的確有友誼的，他關心我，會給我建議，反正跟他結婚的又不是我。

只是像有一次，他突然又崩潰地找我，破口大罵：「那個某某某很過分（就炮友之一），突然離開台北去南部出差也沒有想先跟我說一聲？還是我賴他才說的，我到底多不重

丹妮婊姐
麻口不辣心　人際說話術

要？幹，不能先跟我講一下嗎？我真的超火大！！！」

　　以上抱怨，先不論他是否已婚，這不是重點，重點是，炮友有「報備行程」這條規則嗎哈哈哈哈哈，他媽的我跟射手男穩定交往，他們都能不報備了捏～（是的我只要逮到機會，就是要罵射手男）

　　所以，某某某有回訊息，根本大善人慈善家，該謝恩加上跪恩，還要人家報備，講得好像你們在交往，但阿紐哈say呦，你婚紗照真的是電影《明天過後》圖書館要燒書取暖，那第一批該被燒掉的書，比我出的書還更該燒。幹我真的倒了什麼千年狗屎霉還包紅包，真的寧可花那紅包10倍的錢捐出去給慈善機構。

　　而且不只一次這樣的崩潰大抱怨，內容都一樣。他就是要全天下的人都愛著他。

　　我其他朋友都問我到底為何能忍受這樣完全不合理的抱怨，要是他們一定覺得超煩超火。請不要覺得婊姐很有耐

性，我後面會解釋。

如果你們遇到這樣老愛抱怨超不合理的事情的人，回應的方式真的很簡單，就兩種——天堂還是地獄？所謂的天堂就是講他想要聽的話，地獄就是說實話。至於何時要給他坐電梯上天堂，還是一腳踹他下地獄，準則是什麼？

喔非常簡單，就是看自己當天心情哈哈哈哈哈哈哈哈哈哈哈哈哈哈哈！廢話，生活已經夠苦了，他媽的工作辛苦，談戀愛可能也苦，這點小事，當然要看自己心情啊。

通常我心情處於平靜狀態，遇到這種，我都會給他天堂套餐，就講任何～真的任何他想聽的，例如：「喔天啊，那人真過分，啥小啊，要離開也不講一聲？？搞什麼鬼啊，死沒良心欸，好啦你不要氣了啦！他一定是太忙了啦，他還說想念你欸，一定是有把你放心上。」

為何要這樣，因為看瘋癲之人居然相信我的瘋癲之話，很有趣啊！拜託這種人根本是來創造我們人生樂趣的，何必覺

丹妮婊姐
麻口不辣心 人際說話術

得煩躁跟生氣？日常生活要說服人不是件簡單的事情欸，我講這種鬼話他們都會買單，不覺得自己很像什麼歷史中那些偉大又很會說話的人物嗎？台下要是站3000位這樣的人，我就是將軍麥克阿瑟了我。

但如果不幸那天我真的心情很差，可能約莫是看到前任曖昧對象1秒交女友之類，我本身就是一座活火山，夏威夷大島的火山，被當地人化成一位火山女神，她頭髮還是火山熔岩呢！喔我就是這位。此時我的回答就是換成送你下地獄：「喔對啊，你是滿不重要的，不就是炮友？還是他有請你離婚跟他穩定交往但我不知道？」

心情不好的那天，就講出任何你想講的實話，坦白說，火氣正大的時候，剛好有人送上門來要下地獄，滿、爽、的。萬一就此友誼破滅，那也沒差啊，講個實話就友情破滅，朋友再交不就有了，所以不管怎樣回答，都有其樂趣所在囉！

Hashtag

\# 最厲害的不是說話技巧而是心法

\# 就是無欲則剛

\# 連實話都無法接受的朋友就切八段啊

\# 但如果是親人就要先天堂再地獄

\# 安撫後還是需要說實話的

丹妮婊姐
麻口不辣心 人際說話術

4-6

老愛問意見，
最後卻還是照自己方式做

婊姐，我有個關係親近的學妹，
她個性比較內向、做事舉棋不定，
所以常常會來詢問我的建議。
我的苦惱是，其實她個性滿固執，
即使聽過了朋友給她的建議，
她最後還是會按照自己原本的意思去做。
我應該怎麼跟她溝通呢？

這種人非常熟悉吧？問人家意見問老半天，你認真當起諮詢師，而且你給的意見，客觀又正確，結果對方最後耳朵可能有重訓，比巨石強森的肌肉還硬，還是往死路去。

我個人經驗是尤其集中很愛問我感情問題的意見，大多都是那種明明該分手該離婚的狀況。媽啊信手捻來都是例子。

我有一個朋友，稱她A。A跟一個男生交往之後，愛的沒有明天，但同時也發現各種不對勁的狀況，例如那男生跟前曖昧對象很頻繁的聯絡，甚至視訊，幾乎天天講電話，而且帶A認識他的朋友圈時，都宣稱A是朋友，兩人走在路上的時候，這男生還不願意牽A的手！！

A當然很痛苦的懷疑他「男友」跟那女生根本有一腿，雖然那男生打死宣布那女生只是好朋友，他們之間沒有什麼，但哪有一男一女好到要天天講電話還視訊的？！他媽的我此

丹妮婊姐
麻口不辣心 人際說話術

生除了遠距離戀愛的時候，或是逼迫好友奇葩要幫我遠端修電腦的時候，還是逼妹妹幫我去哪裡買東西我需要連線的時候，還真是沒跟任何住在同城市的「好朋友」視訊過，我上述那些情況才需要視訊吧哈哈哈哈哈哈哈哈！一男一女只是朋友，還住在同城市，是在給老娘視訊啥小？

　　所以我當然理性認真的給出建議，我給的建議非常無聊，但每一個字都真心誠意，我給的建議不外乎就是那男生根本劈腿，妳就直接跟他宣布妳無法接受這樣，也無法接受不被公布身份，如果他還是沒改變，那就分手吧。不贅述了，總之就很無聊，但很政治正確的建議啦。（而且這不是一天的事，整起事件持續約莫一個月）

　　然後登愣～～A最後決定，她畢竟沒男友真的劈腿的證據，現在說分手也不合理。所以維持現狀交往。

　　當時A還信誓旦旦地宣布：「我不想被這男的卡我一輩子。」

所以我反問她：「你現在不覺得這男生卡妳一輩子了嗎？」

A說：「喔，找到自己愛做的事情就好多了，我現在很常去上瑜伽課，週末有時候還會去學畫畫，現在覺得回歸到自己很棒。」

OK，在此不管是何種問建議的，我都只給一次認真諮詢的機會了。只要一次沒照做，下次再繼續問一樣的問題，我就是一概「夏威夷警察法」處理。

「夏威夷警察法」的靈感來源是，我2018年去夏威夷玩的時候，回台灣的前一天晚上，不幸的同行大美人Ivy Chao整個包包被偷，裡面有護照，我們隔天就要上飛機了。（這整個故事我曾經在YouTube頻道講過，也可以往前翻到P.163〈道歉的美學〉那篇讀一下）。那一晚真的是我人生荒唐巔峰之作之一。

總之我後來一個人跑去警察局，跳腳的跟那位黑人胖警

丹妮婊姐
麻口不辣心 人際說話術

察說：「我朋友剛剛在海邊包包被偷了，裡面有護照，我們隔天要上飛機，請問現在該怎麼做？你們有什麼程序嗎？」（人在緊急的時候英文真的會以光速進步，完全變成小徐薇）

那黑人胖警察，完全慵懶地坐在椅子上，連背都沒有離開椅背的回我：「嗯～～～我建議你打911。」

我眼睛睜大的反問：「你說，我要打911嗎？」

黑人胖警察說：「對，妳打911喔～～～」

哈哈哈哈哈哈我當下真的懷疑有什麼隱藏攝影機在拍攝我，我人站在警察局的土地上，被一個警察，建議打911，這是什麼荒唐的情節，由於當時是萬聖節，我是真的有五秒懷疑，這警察是不是假扮的，跟我在玩萬聖節遊戲哈哈哈哈哈哈哈哈哈哈。天啊我真的就是在觀看真實版電影，電影裡很多警察不都只會吃甜甜圈不辦案嗎？他就是啊！！！他抽屜打開一定都甜甜圈！！！

後來我當地朋友跟我解釋，那警察就純粹很懶，懶得幫你做報案流程，所以叫你打911。夏威夷警察都懶惰得要命，一群警察可以坐在咖啡廳一下午聊天打屁，這就是夏威夷的人生態度。

但我非常欣賞這警察的人生態度，這警察從此變成我跟友人鳳姐的偶像哈哈哈哈哈哈哈哈哈。所以，我就把它運用到我的人生。

故事回到A朋友。OK，在我花費這麼多時間勸導妳（應該是長達一個月），妳還是一樣在原點，還跟我說已經找到人生方向，是瑜伽跟畫畫。但我不生氣，我是宰相好嗎～～肚子裡有鐵達尼號，我真心恭喜妳找到人生新方向。

果不其然沒多久，A再度開始找我大大嗚呼哀哉，內容是男友還是跟那女生超級密切來往，而且好像還一起出國巴拉巴拉巴拉。

丹妮婊姐
麻口不辣心 人際說話術

噢，落水狗的時刻來了，如果你遇到這一個時刻，請好好脫帽子致敬自己五秒，因為這時刻……恩，我就不多說了哈哈哈哈哈哈。

　　但我本身真的是一個好人，我不棒打落水狗，所以我不會說「你看吧，我當初不是跟你講了，你現在就是活該」之類的話。我也建議大家不要棒打落水狗啦，這樣真的太壞，我們做人還是當個好人比較好。所以就～～～觀賞落水狗就好哈哈哈哈哈哈哈哈哈。

　　但因為我前面說過了，舉凡這種狀況，我只給一次機會，有人會反問我為何不是三次？喔，因為我個人被裝肖A的扣打已經用完，所以就是一次。

　　當A再度跟我闡述一樣的煩惱，然後詢問我的建議時，我就是一概「夏威夷警察式的回話法」：「喔，妳要不要也問問你其他朋友意見？」（那種該離婚死不離的，我就說你要不要問律師意見）

再來就是最重要的一句：「不管你做什麼決定，我都會支持你。」

　　這一句也千萬不能少喔，才能展現誠意，但我也真的是真很誠懇的說啦，因為你要分不分，要離不離，我真的都支持啊！不只是感情喔，任何狀況都是，要不要離職啊，還是要不要出國念書等等，諸如此類都一樣。因為，那是你的人生，做為朋友的我，就該支持你的決定。

　　但主要原因當然是……因為我懶了，我這裡不是大富翁遊戲，裡面有很多張機會的牌，我只有生產一張，所以我也不想辦案了，我也要坐在警察局裡面，叫你打911。（咬甜甜圈）

丹妮婊姐
麻口不辣心 人際說話術

丹天師一秒重點速記
Hashtag

\# 即使給了對方建議卻不見得要照做

\# 選擇權還是在對方

\# 既然做了選擇那就祝福他

\# 之後再來靠北那就當作喜劇一樣觀賞吧

4-6

該怒而不怒，
會有意想不到的效果

我真的超級超級討厭有人在我面前折手指，
只要聽到折手指的聲音就會覺得噁心，
但就是有人很白目，
明明知道妳害怕就故意要做！
甚至我越生氣對方反而越開心！
要怎麼説才能讓對方停止這種行為呢？

在寫這本書的期間，剛好我不小心交了位男友。在剛交往的時候，有一天我跟他走在路上，反正就聊到生日這件事，他就斬釘截鐵地說：「妳生日就11／16啊。」

因為他老兄本身是諧星，我想說他在開玩笑，就繼續我們的對話，然後他又再度說了一次：「對啊，妳生日是11／16」。

我赫然發現，他完全不是在開玩笑，他是真的認定我生日是11／16，而我生日根本是4／25，一個數字都沒有對！好歹我買樂透六個號碼還會有時候對一個，他媽的他一個數字都沒有對。而且更幽默的是，我們進行這段對話的前兩週，他才請我吃了頓生日晚餐哈哈哈哈哈。還是他這陣子出過車禍然後失憶，我沒follow到這件事嗎？哈哈哈哈哈！

女生這時候腦袋第一個想就是：「這人把我生日記成別的女人了。」

這時候差不多全天下女人會在路上用索爾方式把地板劈

丹妮婊姐
麻口不辣心 人際說話術

了，索爾還要用錘子，我們女人不用，徒手即可。

我年輕時候的脾氣，就是一頭暴龍，還是更年期的暴龍，但我說過很多次，由於在這整段期間，我都在寫這本書，我在進行說話的各種實驗，所以在這電光火石之間，我開始思考，要怎樣讓他無比愧疚？更年期暴龍真的有用嗎？況且，劈開馬路這件事情我真的是老了，劈不動了哈哈哈，不過我想要讓他知道這件事情的嚴重性，差不多是足以讓他挑墳地的程度了。

於是我決定反其道而行試試看，也就是，完全沒有生氣。

我微笑地對他說：「你記不記得，你兩週前才請我吃了一頓生日晚餐，而且，我們還討論過我的星座，是金牛座。」（微笑）

剎那間，彷彿電影一樣，鏡頭定格在他的臉，而他的眼神彷彿看到了——鬼修女。要不是這次經驗，我還真是不知道一個人的眼神可以從輕鬆愉快，秒轉換成深層赤裸的恐懼。

真的是看到鬼哈哈哈哈哈哈，而我就是那個鬼。

　　然後他開始跟我猛道歉的說：「天啊，對，我想起來了，你的生日是……4／24還是25對嗎？」我微笑冷靜的回答：「是4／25。請問11／16是你前女友的生日嗎？」

　　他開始猛解釋說真的不是，他也不知道哪裡來的靈感會出現11／16這數字，但我也懶得追究，我從頭到尾都是毫無怒火的聽他解釋，然後清楚冷靜且面帶微笑的表達：「我沒有生氣，我只是很失望，因為你傷了我的心。」

　　接下來他就是瘋狂道歉，甚至還求我生氣，或是打他一巴掌都好。最後我實在被他煩到受不了（怎麼變成我倒霉？），於是我微笑的說：「我真的沒有生氣，但請你給我一人獨處的時間，我需要冷靜一下。」

　　請注意這裡，我從頭到尾，都面帶微笑。因為我真的是滿好奇，該生氣的時候卻微笑會有怎樣的效果哈哈哈哈！但我最後這一句，反而讓他老兄生氣了，他非常怒的說：「我就

丹妮婊姐
麻口不辣心 人際說話術

是一個王八蛋，我搞砸一切了。」

結果最後搞得我還要去安慰他。我笑笑的說：「你為什麼要生氣，我只是覺得你讓我受傷所以需要一個人靜靜，因為我是人類啊。」

到這邊他差不多羞愧到要跳樓了。我測驗成功了！但記住，不是說叫你該怒不怒，然後讓事情就這樣過去，這樣會變成一個毫無個性的窩囊廢，會被踐踏，不！！是該怒但卻不怒，然後反其道而行，微笑！

這靈感來自很多漫畫還是小說裡面，這種人不是才會讓人嚇的尿滿游泳池嗎哈哈哈哈哈，因為很難以捉摸啊，也滿類似鬼片的啦，鬼片最可怕的地方在哪？就是鬼還沒出來之前最可怕，出來之後就真的還好啦。

但絕對要清楚表達自己的感受，自己哪裡受傷還是哪裡度爛，明確鏗鏘有力，堅硬的傳達給惹怒你的對方。

故事最後，從此我一年會有兩份生日禮物，一份在4／25，一份在11／16，不是我要求的，是他自己宣布的，他說這兩個日子都是我的官方生日。但因為寫這篇文章的時候是6月，所以我也不知道他11月到底會不會真的如他所說的送我禮物，如果真的又忘記沒送的話，反正書寫完了，測試夠了，更年期暴龍不介意重出江湖啦哈哈哈哈哈哈。

丹天師一秒重點速記
Hashtag

\# 風雨前的寧靜反而會讓人恐懼

\# 該怒卻笑對方可能會以為妳瘋了

\# 而嚇得屁滾尿流

\# 重點是要明確表達自己的感受

\# 讓對方知道自己錯在哪

丹天師 "麻口不辣心說話術" 總整理

1. 怕冷場？那就推對方上賈伯斯舞台吧！

甚少有陌生人真心對別人的人生感興趣，此時怕說錯話或聊不來，那就不斷發問，讓對方在賈伯斯舞台上發光發熱，還送上spotlight，盡情發揮吧！

2. 遇到臭屁的人，就看情況「送佛送上西／幫佛洗洗臉」

臭屁自大的人通常都是想要聽到恭維的話，如果心情好，那就送佛送上西，瘋狂恭維他吧，看到對方沾沾自喜的模樣也是種樂趣呢！如果好死不死遇到你心情差，那就用條毛巾用力幫他洗洗臉吧！

3. 遇到假性問題不要怕！

聊天的大原則就是：「記住人人都喜歡被關心」，遇到對方問了「假性問題」，你只要簡短回答，立刻把球丟回去讓對方侃侃而談就好囉！

4. 遇到強迫推銷，記得執行超有趣的誠實運動

人生沒什麼機會可以執行誠實運動，因此只要遇到強迫推銷，一定要把握機會玩一下的呀！請記住，賺錢很辛苦的，遇到被朋友強迫推銷，不想買就不要買，是好朋友就不會強迫你的。

5. 談判之道要先從「最利己」開始談！

儒家思想根深蒂固的我們，總會認為談判就是「折衷」最公平，一人一半恰恰好，但真正的談判是要從最利己的條件開始談，慢慢退讓，才會讓對方感到我們的妥協是有誠意的。

丹妮婊姐
麻口不辣心 人際說話術

6. 被朋友凹幫忙，那就成為「無能奧運冠軍」吧！

如果碰到被朋友凹不願意幫的忙，又不想撕破臉的拒絕，俗話說「能者多勞」，那反過來說就是「無能者都不用勞」，那就無能到底吧！跟朋友說自己真的超不懂、超不會、超無能！！

7. 不想成為句點王，那就記得替回答穿上衣服

成為句點王的原因就是回答太簡單，讓人找不到話題可以接續。記得聊天時幫回答多穿幾件衣服，才不會冷死。

8. 想要達到目的，誇獎+撒嬌讓要求無往不利

想要對方達到你的要求，用命令或威嚇的方式往往會得到反效果，更嚴禁用老媽子碎碎念法，這時候聰明的使用「誇獎+撒嬌」的說話方式，保證無往不利！

9. 答錄機回答法把白目問題擋在門外

遇到被白目鬼問了不想回答的問題，那就想個無關痛癢的說詞，不管對方如何問就是微笑的repeat這個回答，幾次之後，即使對方再白目，也該知道進退了。

10. 該怒卻不怒，嚇得人屁滾尿流

有時候生氣反而會讓對方惱羞成怒而讓雙方起衝突，不如試試看不生氣這招，不怒而威，會讓對方打從心底害怕，更有可能好好反省喔！

國家圖書館出版品預行編目資料

丹妮婊姐麻口不辣心人際說話術 / 丹妮婊姐著. -- 初版.
-- 臺北市：春光, 城邦文化出版：家庭傳媒城邦分公司
發行, 民108.10
　面；　公分
ISBN 978-957-9439-70-1(平裝)

1.說話藝術 2.溝通技巧 3.人際關係

192.32　　　　　　　　　　　　　108014864

丹妮婊姐麻口不辣心人際說話術

回話帶點鋒芒，有個人風格又不戳人底線的說話藝術

作　　者 ／丹妮婊姐　　　　　企劃選書人／張婉玲
責任編輯 ／張婉玲

版權行政暨數位業務專員／陳玉鈴
資深版權專員／許儀盈
行 銷 企 劃／陳姿億
行銷業務經理／李振東
副 總 編 輯／王雪莉
發 行 人／何飛鵬
法 律 顧 問／元禾法律事務所 王子文律師
出 版 ／春光出版
　　　　　　城邦文化事業股份有限公司
　　　　　　台北市104民生東路二段141號8樓
　　　　　　電話：(02)25007008　傳真：(02)25027676
　　　　　　網址：www.ffoundation.com.tw
　　　　　　e-mail：ffoundation@cite.com.tw
發 行 ／英屬蓋曼群島商家庭傳媒股份有限公司城邦分公司
　　　　　　台北市104民生東路二段141號11樓
　　　　　　書虫客服服務專線：(02)25007718・(02)25007719
　　　　　　24小時傳真服務：(02)25170999・(02)25001991
　　　　　　服務時間：週一至週五09:30-12:00・13:30-17:00
　　　　　　郵撥帳號：19863813　戶名：書虫股份有限公司
　　　　　　讀者服務信箱Email：service@readingclub.com.tw
　　　　　　歡迎光臨城邦讀書花園 網址：www.cite.com.tw
香港發行所 ／城邦（香港）出版集團有限公司
　　　　　　香港灣仔駱克道193號東超商業中心1樓
　　　　　　電話：(852)25086231　傳真：(852)25789337
　　　　　　e-mail：hkcite@biznetvigator.com
馬新發行所 ／城邦（馬新）出版集團
　　　　　　【Cite(M)Sdn. Bhd】
　　　　　　41, Jalan Radin Anum, Bandar Baru Sri Petaling,
　　　　　　57000 Kuala Lumpur, Malaysia.
　　　　　　Tel: (603)90578822　Fax: (603)90576622

封 面 設 計 ／萬勝安　　　內文排版／林佩樺
印　　　刷 ／高典印刷有限公司

城邦讀書花園
www.cite.com.tw

■ 2019年（民108）10月29日初版
■ 2023年（民112）6月14日初版5刷

Printed in Taiwan

售價／350元

104台北市民生東路二段141號11樓

英屬蓋曼群島商家庭傳媒股份有限公司
城邦分公司

遇見春光‧生命從此神采飛揚

春光出版

書號： OK0128　　書名：丹妮婊姐麻口不辣心人際說話術：
回話帶點鋒芒，有個人風格又不戳人底線的說話藝術

讀者回函卡

讀完本書，您是否還有溝通的問題呢？可以把您的說話困境具體寫下來，寄回春光，我們將會統一轉交給丹妮婊姐，並請婊姐隨機抽選，回答表弟妹的問題唷！相關活動訊息敬請鎖定丹妮婊姐星球粉絲專頁。

_____

_____

_____

_____

_____

_____

謝謝您購買我們出版的書籍！請費心填寫此回函卡，我們將不定期寄上城邦集團最新的出版訊息。

姓名：_____

性別：□男　□女

生日：西元 _____ 年 _____ 月 _____ 日

地址：_____

聯絡電話：_____ 傳真：_____

E-mail：_____

職業：_____

您從何種方式得知本書消息？

　□書店 □網路 □廣播 □親友推薦

您通常以何種方式購書？

　□書店 □網路 □其他_____

您喜歡閱讀哪些類別的書籍？

　□財經商業 □自然科學 □歷史 □法律 □文學

　□休閒旅遊 □人物傳記 □小說 □生活勵志 □其他